親と子のための説教集
幼児から小学校低学年向き

こども礼拝

林　三男

光言社

はじめに

　２１世紀を迎え、物質文化は驚くべき発展を遂げましたが、精神文化は発展どころか危機的状況を呈しています。

　教育界において、心の教育の必要性が叫ばれて久しいですが、心の教育の中心テーマが不明なままで今日に至っています。露骨な性教育に象徴されるように、一歩間違えば、「もう人類も終わりだ」という感がします。

　心の教育をするに当たって、最も大切なことは、「神を敬拝する心、偉大なるもの・神秘的なものに対する畏敬の念」を育てることだと思います。親が子供たちと共に神様の前に礼拝を行うことによって、子供の霊性と宗教性を育てることが急務であると確信します。

　今回、光の子園で一年間かけて説教してきた内容を一冊の本にまとめてみました。家庭で、子供たちと共に礼拝される時、教会などで子供たちと共に礼拝される時、ぜひ参考にしていただければと思います。

　テーマは、旧約聖書、新約聖書、それから文鮮明先生ご夫妻のみ言を中心としています。

　幼児期から小学校３年生ぐらいまでの子女を対象として考えて、作成しました。このたび改訂に際して、株式会社光言社を版元として出版することとなり、若干の修正を加えました。新しい後天時代を迎え、ますますこの書籍が、子女教育に用いられることを願ってやみません。

　幼少年期における礼拝教育が、家庭教育の中でよき伝統となることを祈りつつ……

２００５年４月　林三男

こども礼拝目次

　　　はじめに……………………………………………………3
1．天地創造……………………………………………………6
2．アダムとエバの創造………………………………………9
3．カインとアベル……………………………………………12
4．ノアと箱舟…………………………………………………15
5．ノアと3人の子供たち……………………………………18
6．バベルの塔…………………………………………………21
7．神に召されたアブラハム…………………………………23
8．ソドムとゴモラ……………………………………………26
9．アブラハムとひとり子イサク……………………………29
10．ヤコブとエサウ……………………………………………32
11．夢を解いたヨセフ…………………………………………36
12．モーセ………………………………………………………40
13．パロの前に立つモーセ……………………………………43
14．出エジプト…………………………………………………47
15．ヨシュア……………………………………………………51
16．ギデオン……………………………………………………54
17．サムソンの力の秘密………………………………………58
18．優しいルツ…………………………………………………62
19．母ハンナとサムエル………………………………………65

20.	ダビデと巨人ゴリアテ	68
21.	ソロモンの知恵	72
22.	神の火を下したエリヤ	75
23.	預言者イザヤ	78
24.	ししの穴に投げ込まれたダニエル	82
25.	ヨナ	86
26.	ヨシヤ王	89
27.	エステル王妃	92
28.	ネヘミヤ	95
29.	マラキ	98
30.	イエス様の誕生	100
31.	12歳のイエス様	104
32.	イエス様の教え	108
33.	イエスの十字架と復活	112
34.	아버님の誕生	116
35.	아버님の少年時代	120
36.	아버님とイエス様との出会い	123
37.	어머님の誕生	126
38.	試練の中での真の愛	129
39.	故 郷 定 州	132

1．天 地 創 造

<聖句>　創世記　第1章1節〜2節
「はじめに神は天と地とを創造された。地は形なく、むなしく、やみが淵のおもてにあり、神の霊が水のおもてをおおっていた」。
<ポイント>
①神様の偉大な創造性を証し、また、心をもたれる神様であることを伝える。
②神様が創造されたすべての生物を超えることのできる立場にあるのが、私たち人間である。
<聖書：創世記第1章参照>

神が宇宙と人間を創造された

　今週から皆さんと一緒に、聖書の勉強をしていきましょう。聖書は神様のことばが書かれた本です。聖書を読むと、神様がどういうお方であるかを知ることができます。聖書は最も古くから読まれ、今でも世界中の多くの人々が読んでいる神様の本です。聖書は旧約聖書と新約聖書からなっています。

　さて、一番最初のお話は、旧約聖書で「創世記」という、神様が世界（天と地）を創られた天地創造のお話です。「はじめに神は天と地とを創造された」という文で始まります。ここでいう「天と地」とは宇宙のことです。これはとても重要なことなのです。宇宙について、人間についていろいろ研究されていますが、人間は動物が進化して誕生したと信じている人があまりにも多いのです。そうではなくて、神様が宇宙と人間を創造されたのです。ところで神様はいつ宇宙を造られたかというと、およそ137億年前であると今の科学で説明されています。

　神様は第1日目に「光あれ！」と言われました。ここでいう1日とは、24時間のことではなく1段階ということです。もし、光がなければ、地球は氷の世界になって、私たちは3分間も生

ビッグバン

きることができません。だから神様は、最初に私たちの生活に最も大切な光を造られたのです。光は1秒間で地球を7周り半もするという、私たちが住んでいる宇宙で最も速いスピードでとぶことができます。

2日目に神様は大空を造られました。それは空気と水を造られたということです。人間が生きていくためにはどちらもなくてはならない大切な物です。人間は空気がなくては生きることができませんし、水がなくても生きることができません。

3日目に神様は陸と海を造られました。海の中にも、陸上にも多くの生き物を創造されました。

4日目に神様はたくさんの星を造られました。私たちの住んでいる地球とか、地球の周りを回っている月とか、毎日私たちに光と熱を与えてくれる太陽、そして宇宙の中には数えきれないほどの太陽とか地球とか月のようなたくさんの星が浮かんでいます。それらはすべて神様が創造されたものです。

5日目に神様は川や海の中にたくさんの生き物を創造されました。広い広い海の中にはたくさんの生き物がいます。海の一番深い所にも生き物はすんでいます。魚の特徴というのは、水の中をスイスイ泳げるということと、水の中で呼吸できるということです。

海の生き物

次に空を飛ぶ鳥類を創造されました。鳥の特徴は空を飛べることのほかにどんなことがありますか？　くちばしや爪が大変鋭い鳥が多いということ、遠くのものまで良く見えるという特徴があります。世界にはいろいろな鳥が住んでいますが、それらすべてを神様が創造されました。

その次に海の獣（けもの）を創造されました。獣というのは、皮膚に毛が生えている動物のことをいいます。海の獣というのは鯨などのことで、特に大きい鯨をシロナガスクジラといいますが、体長が25mもあります。海の獣には、ほかに皆さんがよく知っているアシカやイルカなどもいますが、これらもすべて神様が創造されました。

神は創造される度ごとに「見て良しとされた」

さて、いよいよ6日目です。神様は地の獣を創造されました。ライオンとか犬、

猫など皆さんがよく知っている動物たちのことです。このように、海の獣と地の獣を合わせて哺乳類といいます。哺乳類というのはお母さんのお乳を飲みながら育つ動物のことです。哺乳類の中でもオランウータンやゴリラやチンパンジーなど、人間の姿格好に最もよく似た動物たちが登場してきます。

地の獣たち

　そして神様は最後に人間を創造されました。私たちは神様を見ることはできません。けれどももし神様が姿をもって現れるとすれば、それはまさに人間の姿、つまり、皆さんと同じ姿をもって現れるということです。そして、神様は人間に、「すべての生き物とを治めよ」と言われました。

　神様はいろいろな物を創造される度ごとに、「見て良しとされた」とあります。これは、神様が自分の造られたものを見て「本当に造って良かった！」と感動されたというのです。神様は広大な宇宙を造られた大いなる創造主であると同時に、私たち人間と同じように、「心をもたれるお父様」、「感動される神様」なのです。

　私たちが住んでいる地球をはじめすべての星や、地球上のすべての生き物を創造されたのは神様であることをきょうのお話で知りました。そして、地球上に多くの生き物を創造されて、「本当によかった」と感動された神様であることを知りました。

　神様が大好きな子供になりましょう。

2．アダムとエバの創造

> <聖句> 創世記 第1章27節
> 「神は自分のかたちに人を創造された。すなわち、神のかたちに創造し、男と女とに創造された」。
> <ポイント>
> ①神様は、私たち一人一人を愛しておられる親なる神である。
> ②アダム（男の子）とエバ（女の子）に対する神様の願いを知る。
> <聖書：創世記第1章〜2章参照>

人間は神の子として誕生した

今日のお話は「アダムとエバの創造」です。神様は、天と地を創造され、最後に人間を創造されました。最初に創造された人間のことを「アダムとエバ」といいます。

アダムとエバが誕生したのは、地球上で一番古い文明が興った地の一つ、メソポタミアという所です。そこは、チグリス川、ユーフラテス川という大きな二つの川が流れていて、その流域は肥えた土地になっていました。神様がエデンの園として人間のために選ばれた地は、メソポタミア地方のことだったのです。エデンという言葉はヘブライ語で「楽しみ」という意味です。

聖書に「主なる神は土のちりで人を造り、命の息をその鼻に吹きいれられた」とありますが、これは人間が心と体をもって生まれたということです。アダムとエバは、神の子として生まれました。人間によく似たオランウータン、ゴリラ、チンパンジーなど、その姿、格好を考えてみると非常に人間に近いですね。でも、人間と動物とは全く違う点があります。それを考えてみましょう。

まず、人間はまっすぐに立つことができます。地の上にまっすぐ立つことができるのは人間

メソポタミア地方

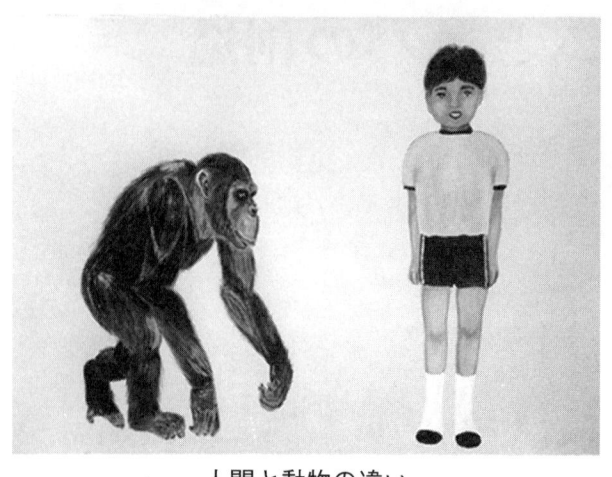
人間と動物の違い

だけで、動物園にいるオランウータン、チンパンジー、ゴリラなどは腰のところが曲がっていて、絶対にまっすぐ立つことはできません。人間だけが前を向いてまっすぐに立つことができるのです。

次に、2本の足でまっすぐに歩くことができるということです。これも動物にはできません。今までに恐竜(きょうりゅう)とか、大きくて強い動物がたくさんいましたが、2本足で歩いても、まっすぐな姿勢で歩いた動物はいませんでした。まっすぐに立って歩くということは、最高の姿なのです。それは神様の姿でもあるからです。それができるのは人間だけです。だから、体をくねくねさせて歩いたり、座っていても、あっちこっちへ動いてフラフラしている人は本当の人間の姿ではありませんね。

今度は心を考えてみましょう。人間であることの第一の特徴(とくちょう)は、人間だけが神様を知ることができるということです。人間だけが手を組んで神様の前にお祈りすることができます。お祈りをするということは、神様とお話をするということです。動物が物を食べたりする姿は、人間にそっくりかもしれませんが、神様と話し合うことができるのは人間だけであるということです。

人間であることの二つめの特徴は"言葉"を話すということです。自分の心は目に見えないけれども、言葉を通して相手に自分の思っていることを伝えることができます。皆さんは生まれた時から、お父さん、お母さんの話す言葉を聞いて、言葉を学んできました。しかし、動物は鳴いたりほえたり、うなったりするけれども、言葉を話すことはありません。動物園のパンダやクマが話しているのを見たことはないでしょう。

人間であることの三つめの特徴は、「芸術性がある」ということです。それは、絵を描いたり、歌ったり、ピアノを弾いたりすることができるということです。これも、動物にはできないことですね。心をこめて歌ったり、ピアノを弾いたりすると本当に心がうれしくなったり、慰められたりします。人間は芸術性をもって相手を喜ばせることができます。それから、人間には物を創造するという特徴もあります。

神様は、人間１人１人を愛しておられる親なる神である

　このように、人間は神の子として誕生しましたが、動物とは全く違っていることを知りました。神様は造ったすべてのものを見られたところ"はなはだ良かった"と言われました。それは"本当に良かった"と感動されたということです。神様は人間を創造されて最高に喜ばれたということです。皆さんもお父さん、お母さんから生まれました。生まれてきた皆さんを見て"本当に良かった"と感動したお父さん、お母さんです。それは、お父さん、お母さんが限りなく皆さんを愛しているということです。さらに、そのことを考えると、神様は私たち１人１人を限りなく愛していらっしゃる親であるということです。

　親なる神様は、人間に「海の魚(うお)と、空の鳥と、地に動くすべての生き物とを治めよ」と言われました。神様が創造されたすべての物を人間に与えるということです。エデンの園には、いろいろな草花が咲き、いろいろな動物がすむようになりました。そこは、川の近くなので、土地が肥えていて、いろいろな植物が育ちました。神様は、「見て美しく、食べるに良いすべての木を土からはえさせ、更に園の中央に命の木と、善悪を知る木とをはえさせられた(さら)」とあります。木というのは、まっすぐに立つことのできる人間を表しています。つまり、命の木とは生命あふれる人間であるし、善悪を知る木というのは、善と悪をはっきり知ることのできる人間を意味しています。ですから神様は、アダムとエバに対して、愛と生命にあふれる人間、善悪がはっきり分かり、正しいこと（善）を行うことのできる人間になるように願われていたことが分かります。男の子アダムは神様の息子、女の子エバは神様の娘として、大きく成長してほしいことを神様は願われました。

　人間は神の子であることをよく知って、一日も早く私たちの周りがエデンの園、つまり、喜びと楽しみが満ちあふれる神の国になるよう、お祈りし、努力していきましょう。

3．カインとアベル

<聖句> 創世記 第4章3〜4節
「日がたって、カインは地の産物を持ってきて、主に供え物とした。アベルもまた、その群れのういごと肥えたものとを持ってきた。主はアベルとその供え物とを顧みられた」。

<ポイント>
①神様の前に供え物をする時は、真心を込めてすることを知る。
②いつも神様が見ていらっしゃることを知って、感謝の心を忘れないようにする。
③兄弟姉妹、友達と仲良くすることが神様の喜びであり、願いである。

<聖書：創世記第4章参照>

カインとアベルは、神様に供え物を捧げた

今日は、アダムとエバから生まれてきたカインとアベルのお話をしましょう。アダムとエバは、神様の愛を受けて大きく成長しました。ところが、ある日、2人は神様との約束を破ってしまいました。神様が言われたみ言（ことば）を守らなかったのです。2人は神様の心を悲しませ、神様と一緒に住むことができなくなり、エデンの園から追い出されてしまいました。そして、アダムとエバは、サタンの悪い心と、神様の良い心の二つの心をもつようになったのです。それは神様にとって、胸がはりさけんばかりの悲しみでした。親である神様は、すぐに救ってあげたいと思いました。しばらくして、2人の子供が生まれました。カインとアベルです。

堕落して神様ともサタンとも相対するアダムを、二つに分けた立場が、カインとアベルです。神様の願いは、この2人が兄弟として仲良くすることで、2人とも神様の子供として救われることでした。お兄さんのカインは、土を耕す者（たがやす）、つまりお百姓

土を耕す兄カイン、羊を飼う弟のアベル

さんになりました。弟のアベルは、羊を飼う者、つまり羊飼いになりました。

　ある日、神様がカインとアベルに言われました。「お供え物をしなさい」と。神様は、アベルとカインが、心を込めて供え物をしてくれることを願っていらっしゃいました。カインは自分が作っていた野菜を神様の前にお供えしましたが、自分の供え物だけを、まず受

供え物をするカインとアベル

け取ってほしいと願って、カインなりに心を尽くしてお供えをしました。アベルのほうは、自分が大切に育ててきた羊の中で、一番良いものを選び、生まれて間もない、かわいい小羊と最も肥えた良いものを、神様の前にお供えしました。すると、神様は、アベルの供え物を喜んでとられましたが、カインの供え物はとられませんでした。

　なぜ、神様はアベルの供え物だけを喜ばれたのでしょうか。目に見える形（供え物）はどちらも立派なものでした。実は、その時のカインの立場は、より神様から愛される弟のアベルを、神様と同じ立場に立って愛し、アベルを通じて神様の前に出ていかなければならなかったのです。アベルは神様を愛する人でした。いつも神様に感謝し、人が見ていなくても、神様が見ていると信じて、何事にも真心(まごころ)を込めて、羊を育てました。羊の群れを追いながら、神様の導きにいつも感謝し、祈りました。ですから、「お供え物をしなさい」と言われた時、「どうしたら、神様に喜んで頂けるだろうか」と考えました。「ありがとうございます」という感謝の気持ちで羊たちの中で一番良い大切なものをお供えしたのです。カインは、真心を込めて最良の小羊をお供えしているアベルの信仰を見て、素直な気持ちで受けとめ、神様と同じ立場に立って弟のアベルを愛さなくてはならなかったのです。カインは、その時、どうしたでしょう。カインは、アベルの供え物を神様が喜ばれたのを見てたいへん怒りました。「どうして、アベルだけが神様に愛されるんだ。ずるい！」と思いました。

　それから、弟のアベルがねたましくなり、憎くなり、2人の仲は悪くなっていきました。そして、とうとう、カインはアベルを野原に呼び出して、殺してしまったのです。人間が誕生して、初めての殺人、兄弟を殺してしまうという、いたましい事件が起こってしまったのです。本来、兄弟というのは、心が通じ合い、

アベルをねたましく思うカイン

仲が良いものなのに、兄が弟を殺すという大変重い罪を犯してしまったのです。神様は、どれほど悲しまれたことでしょう。兄弟が一つになってほしいという願いをもって、祈るような心情で、2人を見つめておられたのです。

兄弟姉妹が仲良くすることが神様の願いである

　カインは、どうしたら良かったのでしょうか。アベルは弟でしたが、神様の心を良く知っていました。だから、供え物については、兄のカインが、弟のアベルにどのように供えれば良いかを尋ねれば良かったのです。「神様の前にお供え物をするにはどうしたら良いでしょうか」と尋ねれば良かったのです。ところが、アベルに尋ねることをしないで、ただアベルのほうが自分よりも愛されている、好かれているということを知った時、カインはそれをねたましく思い、アベルを憎んで殺してしまったのです。

　神様の悲しみは、いかばかりであったでしょうか。神様は、神様を愛する心をもった、神の子を生み増やしたいと願われました。そして、その悲しみの中から、もう1人の人が、アダムとエバから生まれました。それがセツです。セツから神の国をつくる人が生み増えていきました。皆さんのよく知っているノアとかアブラハムが、生まれてくるようになるのです。

　今日は、カインとアベルのお話をしました。神様の前に供え物をする時は、心を込めてしましょう。そして、神様を自分よりも愛して大切にするお友達がいれば、そのお友達のようになりましょう。

4．ノアと箱舟

<聖句> 創世記 第6章9節
「ノアはその時代の人々の中で正しく、かつ全き人であった」。
<ポイント>
①神様の命令に従順に従って、「箱舟をつくりなさい」といわれたみ言を守り通したノアの信仰を知る。
②人が見ていなくても神様は見ていらっしゃることを知り、正しいことを勇気をもって行うこと。
<聖書：創世記第4章〜9章参照>

ノアは、神様のみ言(ことば)を守り通した義人(ぎじん)である

今日は「ノアと箱舟」の話をしましょう。前の礼拝でカインとアベルのお話をしました。カインがアベルを殺してしまいましたが、その後、アダムとエバからセツという人が生まれました。

そして、そのセツから、子供が生まれ、さらに子供が生まれるようになりました。とても長い年月が流れましたが、悪いことを行う人が、全地にあふれるようになって、神様の悲しむところとなってしまいました。ケンカをする人、人の物を盗む人、悪口を言う人など、自分のことしか考えない人ばかりになっていたのでした。これは、神様の願いではありませんでした。神様は、アダムとエバが誕生した時、エデンの園で仲良く暮らすことを考えられました。それができなかったので、アベルやセツの時にその願いが成されることを願われましたが、だんだん悪い人間が増えていったのです。

そこで神様は、人間を造ったことを悔いて、心を痛められました。すべての人を滅ぼしてしまおうと決心されたのでした。しかし、その中でノアという人だけが神様の目に留まりました。

箱舟を造るノア

ノアは義人といわれました。人が見ていてもいなくても、正しいことをする人でした。神様の前に偽りのない人で、いつも正しいことを行っていました。神様にとって、そのことはどんなにうれしいことだったでしょう。神様はノアを呼んで「わたしは洪水(こうずい)を起こして、人と万物をすべて滅ぼしてしまおう。あなたは、いとすぎの木で箱舟(はこぶね)を造りなさい」と、おっしゃいました。ノアは神様の命じられたことを「ハイ」と素直に聞きました。

　さて、山の頂上に箱舟を造り始めたノアを見て周りの人々は笑いました。舟は海に浮かぶものですが、山の上に舟を造っていたことを、それもとてつもない大きい箱舟だったので、ノアは頭がおかしくなったのではないか、とからかわれました。ノアは神様が洪水を起こされることを人々に話しました。「今までやっていた悪いことを反省して神様を喜ばせる者となりましょう！」と訴えました。しかし、だれ1人として耳を傾ける人はいませんでした。

　神様からたった一回だけ、箱舟についてのみ言(ことば)を聞いたノアでしたが、なんと100年以上もそのみ言を守り続け、箱舟を造り上げたのでした。その間にはノアをからかう者、また悪い遊びに引きずりこもうとする者、じゃまをする者、いたずらをする者などがいっぱいいました。神様はたった一回だけことばを下さっただけでした。だからといって、放っておかれた神様ではありません。ノアが勝利してくれることをずっと願い、守り続けてこられた親なる神様でした。

　皆さんのために、見えないところで、皆さんのお父さん、お母さんがどんなにお祈りしてくださっていることでしょうか。一緒にいなくても、力がわき、勇気がわいて頑張ることができるのは、お父さん、お母さん、神様の守りと導きがあるからですね。ノアもそのように、神様が自分といつも共にいてくださることを感じていました。だから、いじ悪をされても神様の心が分かりましたから「ああ、これは神様が長い間、神はいないと言われ続け、悲しまれてきたことだ。自分だけではない。もっと悲しい思いをされたのが神様である」と知って、感謝してすべてを受け止めました。

神様は、生きているものを二度と滅ぼさないと約束された

　そして、「自分だけは神様を裏切らない。正しいことを最後までやりぬく心をもとう。人が見ていなくても神は見ている」ということを強く思って、100年以上も変わらない心をもち続けたのでした。神様は、このような人が1人欲しかったのです。それは、最初のアダムに願われましたが、失敗して、やっとノアがそれを成し遂げてくれたので、神様は本当に喜ばれました。

　とうとう、箱舟が完成しました。ノアが100年以上も神様のみ言(ことば)を守り続けた

箱舟に入る動物たち

ので「あなたと家族とはみな箱舟に入りなさい。わたしの前に正しい人であるとわたしは認めたからである」と、言われました。神様がおっしゃったように、ノアと家族、そして、動物たちが箱舟の中に入りました。「40日40夜、地に雨を降らせて、わたしの造ったすべての生き物を、地のおもてからぬぐい去ります」と、神様はおっしゃいました。ノアと、ノアの家族、動物たちが箱舟に入って7日後、雨が降り出し、洪水が起こりました。ノアが600歳の時でした。40日40夜雨が降り続いて、高い山も全部水びたしになり、人も生き物もすべて滅んでしまいました。

やっと雨がやみ、150日たって箱舟はアララテ山にとどまりました。水がかわいたかどうか鳩を3回放ったところ、3度目の鳩は帰ってきませんでした。きっと、とどまることのできるかわいた地を見つけたのでしょう。ノアが箱舟のドアを開けてみると、地はかわいていました。神様は、「箱舟を出なさい。すべての生

神様に感謝して礼拝をするノアの家族

き物が地の上に増え広がるようにしなさい」と、おっしゃいました。ノアは箱舟を出たあと、神様のために祭壇をつくり、感謝して礼拝しました。すると、神様が「わたしはもう二度とすべての生きたものを滅ぼさない。生めよ、ふえよ、地に満ちよ」と、ノアを祝福されました。さらに、雲の中に虹を置いて、これが、その約束のしるしであると言われました。

皆さんも、ノアのように、神様のことばを守り、正しいことを勇気をもって行う人になりましょう。

5．ノアと3人の子供たち

<聖句> 創世記 第9章18節〜19節
「箱舟から出たノアの子らはセム、ハム、ヤペテであった。ハムはカナンの父である。この3人はノアの子らで、全地の民は彼らから出て、広がったのである」。

<ポイント>
①疑問に思うこと、信じられないことがあったとしても、神様に祈り、尋ねることが大切である。
②神様を愛し、神様の仕事をしているお父さんを信じ、お父さん、お母さんを敬愛する子供となっていく。

<聖書：創世記第9章参照>

セム、ハム、ヤペテは、お父さんを理解できなかった

前の礼拝は、ノアのお話でした。ノアには3人の男の子、セム、ハム、ヤペテがいました。きょうは、「ノアと3人の子供たち」についてお話ししましょう。

ノアは、ずっとみ言（ことば）を守り通したので、約束を絶対に守る人だということがはっきり分かりました。ノアについてきた家族たちも、ノアと心を合わせて頑張ってきたので、この家族ならば、二度と神様との約束を破らず神の国をつくっていくだろうと神様は思いました。それは、一番最初にアダムが生まれた時と同じぐらいの喜びでした。

ぶどう畑で働くセム、ハム、ヤペテ

さて、この3人の子供、セム、ハム、ヤペテは小さい時から、お父さんのノアが神様とお話ししたり、神様にお祈りしたりするのを見て育ちました。そして、お父さんが自分たちをも愛しているのがよく分かりました。特に箱舟を造りながら、ひたすら神のみ言を守り、迫害にも耐えていくお父さんの姿に、感動し、尊敬していました。ですからお

父さんの言葉は、神様の言葉だと思っていました。

箱舟から出たノアは、農夫になってぶどう畑を作りました。セム、ハム、ヤペテは、よくお手伝いをしました。ある日、お父さんが、ぶどうから作ったぶどう酒を飲んで酔っぱらってしまいました。とても暑かったので着物を脱(ぬ)いで、天幕の中で裸になって寝てしまいました。畑

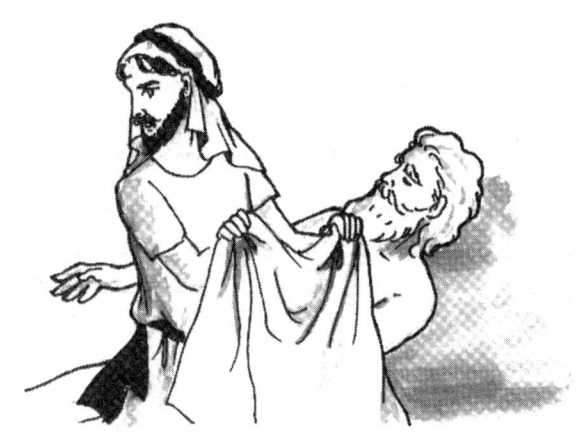

後ろを向いて、ノアに着物をかけるセム

から帰ってきた、2番目の子供ハムは、酔って裸で寝ているお父さんを見てびっくりしました。尊敬していたお父さんが裸で寝ているなんて、ハムには、考えられないことでした。「恥(は)ずかしい」と思いました。そして、外にいるセムとヤペテを呼んで言いました。「ねえ、見て、お父さんが裸で寝ているよ。恥ずかしい格好だね」と3人で話したのです。そしてセムとヤペテは着物をとって、お父さんの体にかけました。その時顔をそむけてお父さんの体を見ませんでした。神様を愛し、いつも正しいことを行っていたお父さんが、裸で寝ていたので、いつもと違った姿にがっかりしてしまったのです。小さい時から見ていたお父さんの、神様に祈っている姿とか、神様の言葉を信じて一生懸命に箱舟を造っている姿などすっかり忘れてしまったのです。ここに、セム、ハム、ヤペテの間違いがありました。

お父さんを理解し、尊敬する者となっていく

ノアは神様に祝福された人です。どんな姿をしていても、ノアの心は神を愛することにおいて、全く変わっていませんでした。皆さんは、人を見る時に着ている着物を見て、きれいな着物を着ている人が良い人、汚(よご)れた着物を着た人が悪い人というような見方をしますか？ また、昨日まで仲良く遊んでいた人が急に遊ばなくなったのを見て、理由も聞かず、「もう仲間に入れてあげない」というふうにしますか？ それには必ず理由とか訳とかがあるはずですね。ノアの時もそうです。何か理由があったに違いありません。

ハムはたとえ、ノアが裸になって寝ているのを自分では良くないことだと思ったとしても、あの箱舟の時のように、何か深い訳があるに違いないと思ってみることが必要でした。分からないならば、神様に祈って聞いてみるべきでした。神

と共に生きてきたノアの姿を見つめ、ハム自らも神様を信じ祈ってきたのですから、一度、神様に尋ねてみると良かったのです。神様がなさる業(わざ)は、箱舟を造る時のように人間には考えられないことがあるからです。さらに、お父さんを信じ尊敬してきたのですから、何も分からなかったとしても「ああ、ぼくのお父さんは、今までも正しいことをしてきたので、信じて見ていよう」と考えれば、必ず後でその理由を知ることもできたはずです。こうして、ハムの間違いは、神の国を造って、みんな仲良く暮らすことができる日を楽しみにしていた神様を、悲しませることになってしまいました。

　皆さんにも、立派なお父さんがいるでしょう。ノアと同じように、神様のお仕事を一生懸命にやっているお父さんたちです。そういう、お父さんの言われることをよく聞いていきましょう。そして、"僕のお父さん""私のお父さん"は、立派な人ですと言えるお友達になっていきましょう。

6．バベルの塔

<聖句> 創世記　第11章9節
「これによってその町の名はバベルと呼ばれた。主がそこで全地の言葉を乱されたからである」。
<ポイント>
①バベルの塔は、神に不信仰をした象徴の塔である。
②神様は、一つになっていた言語をバラバラにして、悪の心が通じ合わない方法をとられた。しかし、神様の本当の願いは、世界の言葉を一つにして、神様を中心に人々の心が通じ合うようにしていくことである。
<聖書：創世記第10章～11章参照>

人間は傲慢な思いになって、天に届かせるような高いバベルの塔を建てようとした

今日は、「バベルの塔」のお話をしましょう。ノアには、セム、ハム、ヤペテの3人の子供がいました。その3人から子供や孫が次々と生まれて、たくさんの人々が地上に住むようになりました。セムから生まれた人たちはグループを作り、ハムから生まれた人たちもグループを作り、ヤペテから生まれた人たちもグループを作って別々の所に分かれて住んでいました。けれども、話す言葉は一つでした。

ハムのグループの中にニムロデという人がいました。狩りがとても上手で強い人でしたので、たくさんの人々がニムロデに従いました。皆から、とても力ある人と思われていました。ニムロデは町を造っていきました。泥とわらをこねて、レンガを作ることを知った人々は、家を建てて町を大きくしていきました。ニムロデは多くの人々にこんな呼び掛けをしました。「さあ、町と塔を建てて、その頂を天に届かせよう。そして、我々は名を上げて、全地のおもてに散るのを免れよう」と。

バベルの塔

人間は力をもち、強くなると、神様の導きや、神様が共におられることを忘れ、全部自分の力でやったんだ、と思うようになるのです。傲慢(ごうまん)になるのです。そこで、てっぺんが天に届くほどの大きな塔を建てようとしたのでした。「自分の力を誇ろう。神様の力より、自分の力のほうが強いことを皆に示すんだ。自分のほうが偉いんだ！」と、そんな悪い心をもって人々に呼び掛けたのでした。
　これを見た神様はどうだったでしょう。悲しみと怒りでいっぱいでした。その塔は、人間の悪い心のあらわれであるからです。「これでは、洪水の前と同じ悪い人間になってしまう。人間がこれ以上傲慢になったり、勝手なことをしてはいけない」と神様は言われました。「下って行って、彼らの言葉を乱し、互いに言葉が通じないようにしよう」。その途端、今まで一つの言葉でお互いに分かり合っていた人々は、急に何を言っているのか分からなくなりました。塔を建てるのにも、「レンガを運んでくれ」という言葉が通じないのです。全く仕事はできません。働いていたみんなの手は止まりました。塔を建てることができなくなってしまいました。人々は言葉の通じる者同士が、それぞれグループを作って、様々な所へ散っていきました。ただ、散らかったレンガの山だけが残りました。

神様の願いは、皆が同じ言葉を話して仲良くすることである

　傲慢な思いで高い塔を建てようとしたので、神様が、全地の言葉を乱されたのでした。その結果、世界中の人々の話す言葉はバラバラになりました。「うれしい」という気持ちを表すにも、国が違えば言葉が違うのです。言葉が違えば自分の言いたいことを知ってもらうことができないのです。これは、本当に悲しいことです。このことは、神様の本当の願いではありません。神様は人間を再び救い出すために、バベルの塔をつぶされたのです。悪いことが広がらないために言葉をバラバラにせざるを得なかったのです。神様の願いは、すべての人々が神様の心を知り、神様のことを一番大切に思って仲良く暮らせるように、皆が同じ一つの言葉を使って暮らせるようになることでした。6000年間、神様はバラバラになった言葉を聞きながら悲しみの心でいらっしゃいます。親（神様）と子供（人間）が一つの言葉で話せないことは、本当に悲しいことです。
　どうすれば、神様が再び喜んでくださるのでしょうか。それは、世界中の人々が一つの言葉で話すようになることです。一つの言葉を使い、神様に通じていかなければなりません。世界の人々が一日も早く、一つの言葉で話すことのできる時が来ることを祈りながら、神様を喜ばせる子供になるために、一生懸命に頑張りましょう。

7．神に召されたアブラハム

<聖句> 創世記 第12章1節
「あなたは国を出て、親族に別れ、父の家を離れ、わたしが示す地に行きなさい」。
<ポイント>
①神様に召され、祝福を受けたアブラハムは神様の言葉に従順に従った人である。
②アブラハムが示した寡欲(かよく)と、謙遜(けんそん)の精神を学ぶ。
<聖書：創世記第11章～第13章参照>

アブラハムは神様に召命され、たくさんの祝福を受けた

今日は「アブラハム」という人のお話です。ノアの子供セムから子供が生まれ、それからもたくさんの子供が生まれ、ずっとあとでアブラハムが生まれました。アブラハムのお父さんはテラと言いました。

そのころ、偶像崇拝といって、人間と万物を創造された親なる神様を礼拝するのではなく、動物や人間の像を造り、それを神様だと信じて礼拝する人たちがいました。お父さんのテラも偶像を礼拝し、それを売っていた人でした。しかし、アブラハムだけは違いました。神様を信じていました。

アブラハムがお父さんのテラと共に、奥さんのサラ、甥(おい)のロトと召使や家畜を連れて、生まれ故郷のウルの地からハランの地に移り住んでいた時のことでした。

神の声を聞いて移住するアブラハム

ある日のこと、神様がアブラハムに言われました。「あなたは国を出て、親族に別れ、父の家を離れ、わたしが示す地に行きなさい」と。

神様はアブラハムに、「もう一度、家族と召使、家畜を連れて、新しい土地に移りなさい」と言われました。今まで慣れ親しんだ家や土地、親戚(しんせき)の人や友達など楽しい思い出がいっぱい

ある所です。そういう所を離れ、今まで一度も行ったことのない土地に行きなさいということです。また、召使や羊、ろば、らくだなどもたくさんいたでしょう。家の中の道具もありました。それを全部持って、全く知らない所に行くというのは大変なことでした。けれども、アブラハムは神様のことばに素直に従いました。ノアの時もそうでしたが、このように、神様の願いに対して素直に「ハイ」と返事をしたアブラハムを見て、神様はとても喜ばれました。神様が親なるお方であり、その神様が言われることをアブラハムは信じました。

　神様は「わたしはあなたを大いなる国民とし、あなたを祝福し、あなたの名を大きくしよう。あなたは祝福の基(もとい)となるであろう。あなたを祝福する者をわたしは祝福し、あなたをのろう者をわたしはのろう。地のすべてのやからは、あなたによって祝福される」と、おっしゃいました。アブラハムはサラと甥(おい)のロトを連れて出発しました。ロトはアブラハムの弟の子供でした。ロトは小さい時にお父さんを亡くしたので、おじさんのアブラハムを自分のお父さんのように慕っていました。アブラハムもロトを我が子のようにかわいがったのでしょう。今から新しい地に引っ越しをするという時、ロトを連れていくというのは、アブラハムとロトは親子のような関係だったからです。召使たちもアブラハムの偉大さと愛の深さを知っていたから素直に従いました。神様に祝福されて多くの万物と人を得ていたアブラハムは、いよいよカナンの地を目指して出発していくのでした。

　さて、カナンに着いたアブラハムは神様の声を聞きました。「わたしはあなたの子孫にこの地を与えます」。アブラハムは神様に感謝して、祭壇を作り、礼拝しました。そこにはカナンびとという人たちが住んでいたのですが、そこを全部アブラハムに下さるということでした。アブラハムは神様の祝福を受けていたので、牛や羊、ろばやらくだなどの家畜と、金、銀などいろいろな財産をもっていましたし、大勢の召使たちを従えていました。

アブラハムは寡欲(かよく)で謙遜(けんそん)な人であった

　一方、ロトのほうも、同じように神様の祝福を受けて、たくさんの万物と人々がいました。それで、アブラハムとロトの家畜を飼っている牧者たちが争いを起こしてしまいました。あまりにも家畜が多くなったので食べさせる草を奪い合うようになったからです。そこで、アブラハムはロトを呼んで言いました。「わたしたちは身内の者です。わたしとあなたの間にも、わたしの牧者たちとあなたの牧者たちの間にも争いがないようにしましょう。全地はあなたの前にあるではありませんか。どうかわたしと別れてください。あなたが左に行けばわたしは右に行きます。あなたが右に行けばわたしは左に行きましょう」。

土地のことについて話し合うアブラハムとロト

アブラハムは、まず、ロトに「あなたが良いと思う土地を選びなさい」と言いました。この時アブラハムは一族の長として力がありました。ほとんどアブラハムの思いどおりになりました。しかし、アブラハムはいばったり、自分だけが良い物を取ろうとは考えていませんでした。アブラハムが祝福されることによって、ロトもたくさんの万物を分けてもらっていました。それでもなお、アブラハムは我が子のように愛したロトに良い地を与えたのです。ロトはヨルダン川を見渡して、緑の草木が茂っている良い地、ヨルダン川の低地を選びました。アブラハムは残った山地に住むことになりました。

ロトがアブラハムと別れた後に、神様がアブラハムにおっしゃいました。「すべてあなたが見わたす地は、永久にあなたとあなたの子孫に与えます」と。実は、ロトが選んだ地は見た目は良かった

土地を選ぶロト

のですが、そこにはソドムとゴモラといって、悪い町がありました。アブラハムは、見た目には住みにくい山や谷のある土地をもらいましたが、神様はアブラハムを祝福し永久にそこに住んで良いと言ってくださいました。それは、アブラハムの心が謙遜で寡欲（かよく）であったからです。自分のことだけを考えるのではなく、相手のことを思う思いやりの心をもっていたということです。そして、いばったり、欲張ったりしなかったからです。

時々、自分のことだけを考えて、使っているおもちゃを１人占めしたり、自分が良い物を取って、相手に悪い物をあげたりすることがないでしょうか。神様の祝福はどうだったのでしょうか。相手のことを考え、自分が見かけはよくないものをとったアブラハムの上に神様の大いなる祝福がありました。

皆さんも、アブラハムのように、良いものは全部自分のものにしてしまう欲張りの心でなく、友達に良いものを与えてあげる心をもつ人になりましょう。

8．ソドムとゴモラ

<聖句> 創世記 第19章29節
「神はアブラハムを覚えて、その滅びの中からロトを救い出された」。
<ポイント>
①神様は悪なるものに対しては、許されない神である。
②ロトをはじめとして正しい者を何とか救い出したいと必死で神様に問答をしたアブラハム。そのアブラハムの信仰ゆえに、ロトと2人の娘が救い出された。
<聖書：創世記第13章～19章参照>

アブラハムは正しい者を救い出そうと必死に神様に懇願した

　今日は、「ソドムとゴモラ」のお話をしましょう。アブラハムと、甥のロトは、最初一緒に住んでいました。けれども、2人には、たくさんの召使とラクダや牛、羊などの家畜がたくさん増えてきて、一緒に住むことができなくなりました。そこで、2人は別れて住むことにしました。アブラハムはロトに自分が住みたい所を自由に選ばせました。ロトが目を上げて、ヨルダンの低い土地をずーっと見渡すと、大きな川が流れ、緑が茂り、作物がたくさん取れる豊かな土地であることが分かりました。ロトはこの良い地を選んで移り住みました。アブラハムは、残った山の険しいほうに移り住みました。

　ソドム、ゴモラというのは、その低い地にあった町の名前です。ロトが選んだ町は、とても美しく見えましたが、行ってみると、そこはひどい町でした。目を覆うばかりの悪い事がなされていました。物を盗んだり、人を殺したり、悪口を言ったり、お酒を飲んでめちゃくちゃになっている人、髪の毛を染めて変な格好をしている人、それは、もう神様が願われた人間の姿ではありませんでした。神様の心が悲しくなるような悪でいっぱいでした。ソドム、ゴモラの叫び声を聞かれた神様は、悪なる町、ソドム、ゴモラを滅ぼすことを決意されました。「ソドムとゴモラの叫びは大きく、またその罪は非常に重いので、わたしはいま下って、わたしに届いた叫びのとおりに、すべて彼らがおこなっているかどうか見てみよう」というのです。神の御使が、ソドム、ゴモラの町に遣わされました。

　御使たちは、最初、アブラハムの所に寄りました。その時「神様は、ソドムとゴモラを滅ぼす」という話をアブラハムにしました。それを聞いたアブラハムは

3人の御使をもてなすアブラハム

びっくりしました。アブラハムは神様の言われることであれば、どんなことでも従っていく、従順な心の持ち主でした。しかし、ソドム、ゴモラには、甥のロトが住んでいます。アブラハムは、神様のみ言を黙ってそのまま受けるわけにはいきませんでした。

アブラハムは、神様に言いました。「神様は、正しい者を、悪い者と一緒に滅ぼされるのですか。正しい者が50人いたとしても、その正しい者を一緒に滅ぼされるのですか」。神様は答えました。「もし、ソドムの町に50人の正しい人がいたら、その50人の正しい人のゆえに、ソドム、ゴモラの町を滅ぼさない」。アブラハムは必死でした。何とかしてロトや正しい人たちを救ってあげたい。そこで、アブラハムはさらに「45人では」、「40人では」、「30人では」と神様に尋ねていきました。さらに「20人では」、そして最後に「わが主よ、どうかお怒りになられぬよ

神様に救いを求めるアブラハム

う。わたしは今一度申します。もしそこに10人いたら…」。アブラハムは必死な思いで尋ねたので、神様は答えました。「わたしは、その10人のために滅ぼさないであろう」。

ソドムの町が、どんなひどい町であったとしても、そこには、神様を愛したロトがいる。正しい者がほかにもいるに違いない。その人々がもし助かる道があるならば、何とかして救ってあげたい。アブラハムは命懸けで神様にとりなしをしたのでした。

アブラハムの信仰によってロトは救われた

さて、ソドムの町には正しい人が10人いたでしょうか。2人の御使がソドムの

町にやってきました。ちょうどロトがソドムの町の門に座っていました。ロトは2人の御使にすぐ気がついて、地にひれ伏して「どうぞ私の家にお泊まりください」と、家に案内しました。ソドムの町はやはりひどい町でした。荒れ狂った人々がロトの家に集まってきて、いやがらせをするほどでした。ソドム、ゴモラの町には、たった10人の正

ソドムの入口で御使を迎えるロト

しい者もいませんでした。御使たちはロトに言いました。「この町を出なさい。神様がこの町を滅ぼされます」。しかし、この言葉を信じたのは、ロトとロトの2人の娘だけでした。ロトの奥さんは、一度は信じてついてきましたが、「後ろを振り返ってはならない」というみ言を破ってしまったのです。神様は、硫黄と火とを天からソドムとゴモラの上に降らせて、町とすべての人々を、ことごとく滅ぼされました。ロトの奥さんは、ソドムとゴモラのほうを振り返った途端、その場で塩の柱になってしまいました。

神様は悪なるものを、すべて焼き尽くしてしまったのです。

ソドムの町を出るロトの家族、塩の柱になったロトの妻

しかし、神様はアブラハムの必死のとりなしを覚えてくださり、ロトとロトの2人の娘を救い出してくださったのでした。アブラハムの命懸けの信仰ゆえに救われたのです。アブラハムは、変わることなくロトを愛しました。アブラハムの真の愛を知って、アブラハムのような愛の人になりましょう。

9．アブラハムとひとり子イサク

<聖句> 創世記 第22章12節
「あなたの子、あなたのひとり子をさえ、わたしのために惜しまないので、あなたが神を恐れる者であることをわたしは今知った」。
<ポイント>
①最愛のひとり子をさえ惜しまずに、神の前にささげきったアブラハムの絶対的信仰と従順を学ぶ。
②お父さんを愛し、尊敬し、神様のことばに従順に従ったイサクの信仰を学ぶ。
<聖書：創世記第21章〜22章参照>

神様に祝福されて、ひとり子イサクが誕生した

今日は、「アブラハムとひとり子イサク」のお話をしましょう。アブラハムとサラは、年老いてしまいました。しかし、2人には子供がいなかったので、子供を与えてくださいと、神様に祈っていました。

ソドムとゴモラが火によって滅ぼされる前に、3人の御使がアブラハムの所に来ましたが、その時に「来年の春に男の子が生まれているでしょう」とうれしい知らせをもってきました。神様の約束どおり、春になって1人の男の子が生まれました。アブラハムは、その子の名前をイサクと名付けました。そして、イサクは、お父さんとお母さんのもとですくすくと成長していきました。

イサクは小さい時から、神様を愛しているお父さん、お母さんの姿を見ながら育ちました。神様のこと、供え物をして礼拝すること、お祈りすることなどを、アブラハムはイサクに教えました。アブラハムが人に親切にしたり、お祈りしたりしている姿を見ながら、イサクはお父さんを心から愛し、尊敬しました。自分もお父さんのようになりたいと思いました。

アブラハムとサラ、そしてイ

イサクの誕生を喜ぶアブラハム

サクは、とても幸福に暮らしていました。ところが、ある日、神様はアブラハムを呼ばれました。「アブラハムよ」。アブラハムは「ここにおります」と答えました。「あなたの子、あなたの愛するひとり子イサクを連れてモリヤの地に行き、彼を燔祭としてささげなさい」と言われました。燔祭というのは動物を焼いて神様にお供えするということですから、イサクをそのようにしなさいというのが神様の命令でした。アブラハムは驚きました。12歳くらいになった立派な息子、愛するイサクを羊ややぎと同じようにささげるというのです。アブラハムは苦しみました。待ちに待って生まれたイサクを失うということは、どんなにつらいことでしょう。

しかし、アブラハムは神様のおっしゃるとおり、次の日の朝早く起きて、ろばにくらを置き、2人の若者と、イサクとを連れ、また、燔祭のたきぎを持って、モリヤの地に出発しました。

アブラハムとイサクの心が一つになることによって神様を愛することを示した

モリヤの地に向かうアブラハムとイサク

モリヤの地に着くまで3日間かかりました。アブラハムは、神様のこと、イサクのことなど、いろいろ考えました。今まで神様がおっしゃったことを信じて行った時、たくさんの恵みがあったことをアブラハムは知っていました。しかし、今度は愛する息子を失って、たくさんの恵みを受けて何になるでしょう。今まで神様と共に生きてきたアブラハムでした。神様によって生まれたイサクでした。神様の言葉に聞き従わなかったなら、全く神様とは関係のないものになってしまいます。アブラハムの決意は変わりませんでした。神様の言葉に従いました。

アブラハムは2人の若者と別れ、たきぎをイサクに背負わせ、手に火と刃物を持って山に登りました。しばらくして、イサクはアブラハムに「お父さん、火とたきぎはありますが、燔祭の小羊はどこにありますか？」と聞きました。アブラハムは「イサクよ、神様が燔祭の小羊を備えてくださるであろう」と答えました。つまり、アブラハムは、イサクを燔祭として供えるということを、直前までイサクに話しませんでした。

2人は、神様が示された場所に来ました。アブラハムはイサクに向かって涙をこらえて真剣に話しました。「イサク、お前は神様の願いにこたえてくれるね。神様はお前を供えなさいと言われたのだ。お前は神様の供え物になってくれるね」と。この時イサクは、12歳くらいになっていました。お父さんの言うことをはっきりと理解できる年齢です。お父さんを本当に信頼していたイサクは、お父さんの言葉に「ハイ」と答えて従いました。アブラハムはイサクを縛り、たきぎの上に載せました。普通の子供だったら、暴れたことでしょう。イサクはお父さんの目を見ました。その目は、小さい時から、自分を愛して見つめてきたやさしい目でした。神様を信じたお父さんの目でした。お父さんの後ろには、神様がいらっしゃるということが分かりました。

　アブラハムが刃物を執って、まさに愛する1人息子イサクを殺そうとした時、「アブラハムよ、アブラハムよ」と神様の言葉がありました。「わらべを手にかけてはならない。また何も彼にしてはならない。あなたの子、あなたのひとり子をさえ、わたしのために惜しまないので、あなたが神を恐れる者であることをわたしは今知った」。

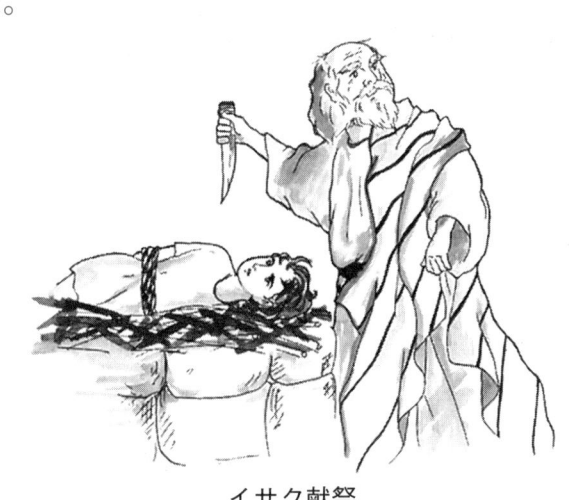

イサク献祭

それは、「本当に良くやってくれた。アブラハム、そしてイサクよ」という神様の言葉でした。アブラハムは、刃物を持った手を下ろし、イサクのひもを解きました。そして、角をやぶに掛けていた一頭の雄羊を捕らえ、それをイサクの代わりに燔祭としてささげました。

　お父さんのアブラハムと息子のイサクが、だれよりも神様を愛する者であったことを知って、アブラハムやイサクに負けない信仰のあつい人になりましょう。

10. ヤコブとエサウ

<聖句> 創世記 第33章10節
「あなたが喜んでわたしを迎えてくださるので、あなたの顔を見て、神の顔を見るように思います」。

<ポイント>
①ヤコブとエサウの誕生と神様の願い。神様をより愛するヤコブが長子権を得た。リベカの母子協助により、ヤコブが祝福を受けることができた。
②ヤコブはラバンおじさんの所においての20年間の苦役の後、多くの財物と人を得た。
③ヤコブは天使との戦いにおいて、絶対に負けないという執念をもって闘い抜き勝利し「イスラエル」の称号をもらった。
④ヤコブはエサウを愛し尽くすことによってエサウの恨みを解いた。

<聖書：創世記第24章～33章参照>

ヤコブが神の祝福を受ける者となった

今日は「ヤコブとエサウ」のお話をしましょう。イサクが大きくなって、アブラハムの親族の1人、リベカと結婚しました。そして、2人の間から双子の男の子が生まれました。リベカのおなかの中に赤ちゃんがいる時、おなかの中で赤ちゃんが押し合うので、神様に祈って尋ねました。すると、神様は言われました。「二つの国民があなたの胎内にあり、二つの民があなたの腹から別れて出る。一つの民は他の民よりも強く、兄は弟に仕えるであろう」。リベカは、このみ言を忘れませんでした。

初めに出てきた赤ちゃんは、赤くて全身毛ごろものようでした。それで名前をエサウと付けました。後から出てきた赤ちゃんは、エサウのかかとをつかんでいたので、ヤコブと名付けました。

狩りに行くエサウと天幕で過ごすヤコブ

2人は姿も性格も全く違いました。お兄さんのエサウは、外を歩くのが好きで、狩りが大好きでした。弟のヤコブはとても穏やかな性格で、天幕の中に住み、特にお母さんの手伝いをよくしました。
　お父さんのイサクは鹿の肉が大好きで、エサウを愛しました。けれども、お母さんのリベカはヤコブを愛しました。

ヤコブに長子の特権を売るエサウ

礼拝をしたりすることがあまり好きでないエサウが、お父さんの後を継いで、神様の祝福を受けて良いものだろうかとリベカは思っていました。祝福を受けるのは、神様を愛するヤコブのほうがふさわしいと思っていました。
　ある日、ヤコブがレンズ豆のあつものを煮ていると、狩りに出ていたエサウが、疲れて野から帰ってきました。「おなかがすいた、死にそうだ、お願いだ、その赤いものをわたしに食べさせてくれ！」エサウがヤコブに頼みました。ヤコブは「まず、あなたの長子の特権を、わたしに売りなさい」と言いました。するとエサウは「わたしは死にそうだ！　長子の特権など、わたしに何になろう」と、レンズ豆と長子権をあっさり取り替えてしまったのです。長子権というのは、一番上のお兄さんが神様からお父さんを通して一番良いものを一番多くもらうことです。エサウは愚かなことをしてしまいました。
　いよいよお父さんのイサクも年をとり、目がかすみ、見えなくなってきました。

イサクがヤコブを祝福する

それで、長男のエサウに祝福を与えようとしました。しかし、お母さんのリベカは、ヤコブに祝福を受けさせたかったのです。リベカは神様に祈り、知恵を頂いて、ヤコブのほうが祝福を受けられるように考えました。エサウが鹿を捕りに行っている間に、ヤコブをエサウのように見せかけるため、エサウの晴れ着をヤコブに着せて、全身

毛ごろもになるように、やぎの皮を手と首に着けさせました。そして、鹿の肉の料理のような、おいしい食べ物とパンをヤコブの手に渡しました。イサクは、目がかすんでよく見えませんでした。手でその体をさわると毛深かったので、すっかりエサウだと思いました。そして、ヤコブに神様の祝福を与えました。

　その後、祝福を受けるためにエサウが狩りから戻ってきました。けれども、時は遅かったのです。エサウは祝福を受けることができませんでした。ヤコブに二度もだまされたエサウは、ヤコブを憎みました。「ヤコブを殺してやるんだ」。このことを知ったリベカは、ヤコブをリベカのお兄さんであるラバンおじさんのところへ行かせました。

神様に愛されていることを確信したヤコブは、ラバンのもとで20年の間苦役（くえき）をしたが勝利した

　たった１人で砂漠のような荒野を旅するのは寂しくつらいことでした。ある夜、石を枕にして寝ていると、ヤコブは夢を見ました。神様が言われました。「わたしはあなたと共にいて、あなたがどこへ行くにもあなたを守り、あなたをこの地に連れて帰るであろう」。ヤコブはその時「神様は私を愛している。神様はいつも私のそばにいる」と確信しました。どんな苦労も苦しいとは感じませんでした。すべてのことに喜びと感謝でいっぱいでした。

　ヤコブは20年間、ラバンおじさんの所で働きました。その間、ラバンおじさんに10回もだまされ、意地悪をされました。それでもヤコブは感謝して、我慢し続け、尽くしていったので、神様はヤコブに多くの家族と財産を与えられました。

　けれども、ヤコブの心の中にはいつも、別れてきたエサウ兄さんのことがありました。懐かしい故郷に帰りたい。そして、みんなで仲良く暮らしたい。20年たった時、ヤコブはラバンおじさんのもとで得たものすべてを引き連れて、故郷に向けて出発しました。カナンへ帰ろうとするヤコブに、また次の試練が待っていました。ヤボク川に来た時、突然天使に襲われたのです。一晩中闘い続けても勝負がつかず、天使はヤコブのもものつがいをはずしました。しかし、ヤコブはその痛みに耐えて、命懸けで闘ったので、ついに天使に勝利しました。その時、ヤコブはイスラエルという名前を頂きました。

ヤコブが愛をもって与え尽くしたのでエサウの恨みが解かれた

　さて、いよいよヤコブはお兄さんのエサウの待つカナンの地にやって来ました。エサウは、400人の家来を引き連れて待ち構えていました。20年たってもヤコブを憎み、恨み続けていました。エサウの怒りは解けていなかったのです。ヤコブ

の心はエサウに対して何の恨みもありませんでした。自分が神様から頂いたものすべてをあげても、エサウと仲直りがしたいと願いました。神様に祈って、自分ができる限りの最善を尽くそうとしました。

ハランの地で得た、牛、らくだ、羊などの家畜を惜しまず500頭以上も、3回に分けて、エサウに贈りました。そして、いよいよエサウの前に現れたヤコブは、七度身を地にかがめ、おじぎをしました。ヤコブは必死でした。何とかお兄さんのエサウと仲直りができるように。神様に祈り、精いっぱいの真心を尽くしたのです。これを見た

和解するヤコブとエサウ

エサウはどうしたでしょうか。エサウは走ってきてヤコブを迎え、ヤコブを抱いて、共に泣きました。「ヤコブ、会えて良かった」とエサウが言うと、「あなたが、喜んで迎えてくださるので、あなたの顔を見て、神様の顔を見るように思います」とヤコブはエサウに言いました。エサウの心はもう、うれしさでいっぱいでした。恨みが完全に解けたのです。

このようにしてヤコブが愛をもって与えて与えて尽くしていったので、エサウの恨みが解かれたのでした。神様の願いが果たされたのでした。2人が抱き合い、共に泣く姿を見た神様はどれほどうれしかったでしょう。皆さんもヤコブのように神様を愛する人になりましょう。

11. 夢を解いたヨセフ

<聖句> 創世記 第41章38節
「われわれは神の霊をもつこのような人を、ほかに見いだし得ようか」。
<ポイント>
①ヨセフは、神様がいつも共にあることを信じて、すべてのことを勝利していった。
②ヨセフは、神様の力によって夢を解いた。
③悪に対して、真の愛で許していったヨセフであった。
<聖書：創世記第37章～47章参照>

ヨセフ、エジプトに売られていく

　今日は、「夢を解いたヨセフ」のお話をしましょう。ヤコブには、12人の子供がいました。中でも、ヤコブは11番めのヨセフを非常に愛しました。ヨセフには、特別に長そでの着物を作って与えたほどです。それを見たお兄さんたちは、「ヨセフだけ良い物をもらって、ずるいなあ、うらやましいなあ」と思い、ヨセフを妬ましく思いました。

　ある日、ヨセフは夢を見ました。「お兄さんたちの麦の束が、わたしの束を拝みました」という夢と、「日と月と11の星がわたしを拝みました」という夢でした。それは、ヨセフが王様になり、お兄さんやお父さんたちがヨセフに頭を下げるということでした。それを聞いたお兄さんたちは怒って、何とかしてヨセフを懲らしめてやろうと思いました。しかし、お父さんのヤコブはその言葉を心にとめました。

　ある日のこと、ヨセフが羊を飼っているお兄さんたちを捜しに行った時、お兄さんたちは、「ヨセフを殺そう」と相談していました。それで、穴の中にヨセフを投げ込みました。ちょうどその時、ミデアンびとの商人たちがエジプトに行く途中に通

ミデアンびとの商人に売り渡されるヨセフ

りかかりました。そこで、ヨセフを殺すのをやめて、奴隷として売りました。ヨセフは、思いがけないお兄さんたちの意地悪にとても悲しみました。愛するお父さんのいるふるさとを離れて見知らぬ所へ行かなければならないのです。どんなに寂しく、悲しかったことでしょう。それでもヨセフは神様を愛し、信じていました。どんな時も神様が共にいてくださることをヨセフは信じ、エジプトの地に行ったのでした。

　一方、お兄さんたちは、ヨセフの着物に山羊の血を付けて、悪い獣が食べたように見せかけ、それをお父さんのヤコブに見せました。ヤコブは、ヨセフが死んでしまったと思い、深く悲しみました。

　さて、エジプトに売られていったヨセフは、パロの役人ポテパルの家で働くようになりました。ヨセフは、神様が共に居てくださることを感じていましたから、どんなにつらい仕事も喜んでやりました。ヨセフは、神様のことは一言も話さなかったのですが、ヨセフの姿を見たポテパルは、神様がヨセフと共にいらっしゃるということを知りました。ヨセフがすることは、すべてうまくいきました。そこで、ポテパルはヨセフを信用し、家の中の仕事は全部ヨセフに任せるようになりました。

　ところが、ある日、ポテパルの奥さんがヨセフに意地悪をしたために、何も悪いことをしていないヨセフは牢屋に入れられてしまいました。しかし、ここでもヨセフは神様に感謝しました。牢屋の中に２人の人がいて、夢を見ました。ヨセフはこの２人の夢を解いてあげました。１人は給仕役の長、もう１人は料理役の長でした。ヨセフが解い

牢に入れられたヨセフ

てあげたように、給仕役の長は牢屋から出て、また元の仕事に戻り、料理役の長は殺されてしまいました。

　２年たったある日、エジプトの王パロが二つの夢を見ました。一つは「やせた７頭の牛が、太った７頭の牛を食べてしまった」という夢で、もう一つは「やせた７つの穂が、太った７つの穂をのみつくしてしまった」という夢でした。パロはこの夢が気になって仕方がありませんでした。エジプトにいるすべての学者や霊能者といわれる人たちを呼んで聞きましたが、だれ１人として解くことができ

ませんでした。

夢を解いたヨセフがエジプトの総理大臣（宰相）になった

その時です。ヨセフの夢解きで助けられた給仕役の長が、ヨセフのことをハッと思い出し、パロに話しました。パロはさっそくヨセフを牢屋から呼び出しました。ヨセフは神様に祈り、考え、パロの前で堂々と夢を解き明かしました。「これは、私が解くのではありません。神様

夢を解くヨセフ

がこれからなさろうとすることを教えてくださるのです」と言いました。「エジプトは7年間、たくさんの作物がとれるでしょう。その後の7年間はききんが起こって、作物は一つもとれなくなるでしょう。だから、初めの7年間にたくさんの作物をたくわえておきなさい。そうすれば、国は滅びないでしょう」と言いました。パロと家来たちは「われわれは神の霊をもつこのような人を、ほかに見いだし得ようか」（創世記第41章38節）と、神様とヨセフを褒めたたえました。また、パロは「これは神様が、あなたに教えてくださったことだ。あなたのように賢い者はいない」と言って、ヨセフを総理大臣にしました。

さて、夢のとおりのことが起こりました。エジプトの人々はヨセフのおかげで、食べ物には困りませんでした。ところが、他の国には食べ物がなかったので、他の国の人々はエジプトまで食料を買いに来ました。その中にはヨセフのお兄さんたちもいました。お兄さんたちは、前に立っている総理大臣がヨセフとは知らず、頭を下げて「食べ物を売ってください」と頼みました。ヨセフが昔話した夢のとおりになったのです。

ヨセフは愛と許しの心で他の11人の兄弟と一つになった

ヨセフは10人のお兄さんたちと、愛する弟ベニヤミンを見た時には、懐かしさのあまり涙が込み上げました。特に、ベニヤミンの顔を見た時には胸がいっぱいで、声をあげて泣きたいくらいでした。ヨセフは、皆の前で泣くのをがまんし、急いで別の部屋に行って、1人で泣きました。そして、自分をエジプトに追いやったお兄さんたちをも恨むことなく、食事を共にしました。ヨセフはベニヤミン

がエジプトに残るよう、袋の中に杯をしのばせ、ベニヤミンが盗んだように見せかけました。お兄さんのユダは、父ヤコブのことを話し、「ベニヤミンを失ったなら、先にヨセフを失った以上にヤコブは悲しみ、死んでしまうでしょう。父をそんなふうなめにあわせたくない」と言って、ユダはベニヤミンの代わりに「自分を奴隷にしてほしい」と訴えました。ヨセフは、そんな父を愛するユダの姿を見ながら、エジプトびとを他の部屋に追いやり、ヨセフは大声で泣きました。「わたしはヨセフです。お父さんは元気で生きていらっしゃいますか？」と、初めて自分の名前を明らかにしました。お兄さんたちは驚き、恐れました。自分たちが前にヨセフにやった悪いことを思い出したからです。

しかし、ヨセフはお兄さんたちを許しました。「お兄さんたちが私を売ったのではなく、神様が私をエジプトにお遣わしになったのです。そして、ききんからあなたがたを救うために先に遣わされたのです。これは神様がなさったことなのです」と言って、「お父さんの面倒をよく見てくれました」と感謝しました。そして皆で抱き合って喜び、泣きました。お兄さんたちは、自分のしたことを「悪かった」と心から悔い改めたのです。このあと、お父さんのヤコブをカナンの地からエジプトに呼びよせ、幸せに暮らしました。

出会いを喜ぶヨセフと11人の兄弟たち

ヨセフはどんなところにいても神が共にあることを知り、また自分に対して悪を働いてくる者に対して、真の愛で許してあげました。皆さんも、ヨセフのような真の愛の人になりましょう。

12. モーセ

> <聖句> 出エジプト記 第3章12節
>   神は言われた、「わたしは必ずあなたと共にいる。これが、わたしのあなたをつかわしたしるしである」。
> <ポイント>
>   ①お母さんの信仰により、生命を守られ、選民としての教育をうけたモーセ。
>   ②王子の地位を捨て、イスラエル民族の一員として誇(ほこ)りをもったモーセ。
>   ③イスラエル民族の苦しみを知る中で、神と出会い、出エジプトの命令を受けるモーセ。
> <聖書：出エジプト記第1章～3章参照>

モーセはエジプトの宮殿(きゅうでん)で王子として育った

　今日は、「モーセ」のお話をしましょう。エジプトにやってきたヤコブの12人の息子たちから、イスラエル民族が出発していきました。エジプトの総理大臣になったヨセフが生きている間、イスラエル民族は豊かな生活ができました。

　ところが、ヨセフが死んでからしばらくすると、ヨセフを知らない王様になりました。イスラエルの民は、ピラミッドを造るための重い石を運んだり、れんがを作ったりする、とてもつらい仕事をさせられるようになりました。けれどもイスラエルの民は、神様から愛され祝福されていましたから、痛めつけられれば痛めつけられるほど強くなり、生み増えていきました。どのような時にも、神が共にいてくださるという確信をもっていましたので、このような苦しみを越えていくことができました。

　エジプトの王様（パロ）は、このままイスラエル民族が増えると、エジプト人より強くなってしまうのではないかと恐れて、一つの命令を下しました。「もし男の子が生まれたならば、みなナイル川に投げ込め」というのです。生まれた男の赤ちゃんをみんな殺してしまえということでした。イスラエル民族はこんな中

奴隷にさせられたイスラエル民族

で、いつも神様に「早く救ってください」と祈り続けていました。

ある時、イスラエル民族のレビびとの中に1人の男の子が生まれました。その赤ちゃんがあまりにもかわいらしく賢そうで、その姿格好(すがたかっこう)を見ただけで喜びに満たされるような素晴らしい赤ちゃんだったので、お母さんはその赤ちゃんを殺すことができませんでした。ナイル川に投げ込むなんて、とても考えられませんでした。3カ月たって、もう隠しておくことができなくなってしまった時、お母さんは神様に祈って一つの方法を考えました。カゴに赤ちゃんを入れて、ナイル川の岸の葦(あし)の茂(しげ)みの中においたのです。

エジプトの王女に拾われたモーセ

すると、たまたまナイル川で水浴びするために川に降りてきたエジプトの1人の王女様がこのカゴの中の赤ちゃんを見つけました。あまりにもかわいくてりりしい赤ちゃんでしたので、王女様はその子がイスラエル人の子供だと分かりましたが、拾い上げ、自分の子供として育てようと決心しました。赤ちゃんがどうされるかと心配して遠くから見ていた、お姉さんのミリアムが「赤ちゃんを育てる乳母(うば)を連れてきましょう」と言って、本当のお母さんを連れてきました。

赤ちゃんはモーセと名付けられ、本当のお母さんに育てられました。お母さんからお乳をもらいながら、神様のお話を聞きました。アブラハム、イサク、ヤコブのこと、イスラエル民族は神様の祝福を受け選ばれた神の民であることを聞きました。それと同時にエジプトの宮殿でモーセは王子として育てられました。そして、心も体もたのもしく成長し、軍隊をひきつれて指揮(しき)

エジプトの王子として成長するモーセ

するほどの立派な人になっていきました。

モーセは、燃えるシバの中で神と出会いイスラエル民族を救う決意をした

モーセが40歳になった時、一つの事件が起こりました。イスラエルの民がエジプト人に鞭(むち)打たれながら苦しい仕事をしているのです。モーセは同じイスラエル

民族の仲間がエジプト人から鞭打たれて苦しんでいる姿を見ることは、我慢できませんでした。それで、イスラエルの民を痛めつけている役人を打ち倒し、殺してしまったのです。エジプト人を殺したことを聞いたパロは怒り、モーセを殺そうとしました。それで、モーセはミデヤンの荒野に逃げていかなければならなくなりました。

　モーセはミデヤンの荒野で羊飼いの仕事をしました。けれどもこの間、エジプトではたくさんのイスラエル民族が奴隷としていじめられて、嘆き悲しんでいました。そして、その声が神様に届いたのでした。

　モーセが80歳になった時です。神様は、アブラハム、イサク、ヤコブに約束されたカナンの地へ、イスラエル民族を導こうとされました。神様はモーセを呼びました。羊飼いの仕事をしていたモーセは、神の山ホレブで、シバの燃える炎の中で、神様の声を聞きました。シバは火に燃えているのに、なくなりませんでした。「モーセよ。私は、アブラハム、イサク、ヤコブの神である。私はエジプトにいる人たちの泣き叫ぶ声を聞いた。約束の地カナンへ導こう。パロの所に行って、民をエジプトから導き出そう」。「エジプトの王はあなたたちを行かせまいとするだろう。それで、さまざまな不思議と災いをもってエジプトを打とう。その後に、パロはあなたたちを去らせるであろう」と言われました。神様はいつもモーセと共にあることを強く言われました。どのような時にもモーセを励まそうと力を与えられました。

　このようにモーセは、400年間エジプトで苦しんでいたイスラエルの民をエジプトから引き連れて行く大きな神様の願いを果たしていきます。

シバの燃える炎の中で神の声を聞くモーセ

　神様は赤ちゃんのモーセの命を救い、そうして、イスラエル民族を救い出すために、モーセをずーっと訓練してこられたのでした。モーセは神様の願いを受けて、神様とイスラエル民族と共に歩んで行きます。

　今日のお話を通して、神様がモーセを立てて、エジプトの地で苦しんでいたイスラエルの人々を救おうとされた神様の心を知る者となりましょう。

13. パロの前に立つモーセ

<聖句> 出エジプト記 第7章1節
　主はモーセに言われた、「見よ、わたしはあなたをパロに対して神のごときものとする」。
<ポイント>
　①モーセとイスラエルの民を愛し、エジプトから救い出そうとされる神様の心情を知る。
　②かたくなな心、頑固(がんこ)な心、傲慢(ごうまん)な心ではなく、素直な心を神様は喜ばれる。
　③神様の願いを貫(つらぬ)き通すモーセの信仰を学ぶ。
<聖書：出エジプト記第4章～12章参照>

　　モーセは、神と共にあってパロの前に立った
　今日は、「パロの前に立つモーセ」のお話をしましょう。モーセは、ホレブの山で「イスラエルの民をエジプトから救い出しなさい」という神様の声を聞きました。
　その時、モーセは「しかし、もしイスラエルの民がわたしを信じなかったらどうしましょう」と尋ねました。すると神様は「あなたに不思議な力を与えよう」と言って三つの力を与えてくださいました。一つは、モーセの持っている杖を蛇に変えたり元(もと)に戻したりする力です。二つめは、手を懐に入れてらい病（皮膚(ひふ)が白くなる病気）にしたり、もう一度入れたら元に戻るという力です。三つめは、ナイル川の水を血に変える力です。この三つの不思議な力を見たら、モーセには神様が共にいることが分かるはずだとおっしゃいました。さらに、モーセは話すのが苦手(にがて)なのでほかの人をエジプトに遣わしてくださいと言うと、神様は、話すのが上手なお兄さんのアロンと一緒に行くように言われました。
　さて、モーセとアロンはエジプトに行き、イスラエルの長老たちに会いました。神様がモーセに言われた言葉を話し、不思議な力を見せました。人々はモーセを信じ、神様がイスラエルの民を忘れずその苦しみを知っておられると聞いて、感謝し礼拝しました。それから、モーセとアロンはエジプトの王パロの前に立ち、「わたしの民を去らせ、荒野で、わたしのために祭をさせなさい」という神様の言葉を伝えました。民を去らせたら、エジプトで働く人がいなくなるということです。そんなことになったら大変だと、パロは思いました。パロは、「わたしは

神を知らない。民をもっともっと働かせるのだ」と言って、イスラエルの民にもっと厳しい仕事を与えました。それでイスラエルの民は、モーセとアロンに文句を言いました。モーセは「神様、どうして民をこんなひどいめに遭わされるのですか？」と神様に尋ねました。神様は、モーセに勇気を与えました。「わたしは神である。アブラハム、イサク、ヤコブに約束したようにあなたがたを導き出し、カナンの地に入らせるであろう。そして、その地をあなたがたの子孫に与えよう。わたしはあなたがたの神である。わたしがエジプトびとからあなたがたを導き出すあなたがたの神であることをあなたがたに知らせるであろう」と。この言葉をモーセは民に伝えましたが、心も体も疲れきった民は、聞き入れませんでした。

　さらに、モーセが神様に祈ると「あなたを神様のようにしよう。だから、パロの前に行って、はっきりと民をエジプトから去らせるように言いなさい。エジプトびとはわたしが神であることを知るであろう」と励まされました。

　モーセは神様が共にあることを知って力が出ました。モーセは80歳でしたが、神と共にあって堂々とパロの前に立ちました。そして、神様の不思議な力を見せました。アロンが杖を投げると蛇に変わりました。しかし、パロも魔術師を連れて来て同じようにしました。すると、アロンの蛇が魔術師の蛇をのみ尽くしました。それでもパロの心はかたくなで、神様の力を認めませんでした。パロがなかなかモーセの言うことを聞かなかったので、神様の怒りがエジプトに下りました。

相手の蛇をのみつくす

エジプトに下された十災禍によってパロのかたくなな心が解かれた

　なんと、10回にわたって大変な災害がエジプトに起こりました。第1は、ナイル川の水が血に変わりました。川の魚は死に、川は臭くなり、エジプトびとは川の水を飲むことができなくなりました。第2は、蛙の大群が町中にあふれました。パロは困ってモーセを呼び「明日イスラエルの民を去らせましょう。だから、蛙を取り除いてください」と頼みました。蛙がいなくなると、またパロの心はかたくなになり、民を去らせませんでした。

　それで、第3は、ぶよの大群がやってきて体の血を吸いました。第4は、あぶ

の大群でした。パロはモーセを呼んで、「荒野に行っても良いが、あまり遠くへ行かず、わたしのために祈願しなさい」と言いました。それで、神様はあぶの大群を取り去られました。しかし、パロの心はまたかたくなになり、民を去らせませんでした。第5は、牛や馬などの家畜が疫病で死んでしまいました。第6は、うみの出る腫れ物が人間や家畜を襲いました。

ナイル川の水を血に変える

　第7は、エジプトの地に雹（氷の小さなかたまり）が降りました。そこで、パロはモーセを呼んで「わたしが悪かった。あなたがたを去らせます」と言いましたが、雹が降りやむと、またパロの心はかたくなになりました。そのようなパロに対して、モーセとアロンは命懸けで心を込めて神の言葉を語りました。「いつまであなたはわたしの言う事を聞かないのですか？　民を去らせなければ、明日いなごの大群がエジプトを襲うでしょう」。それを聞いたパロの家来が「もうイスラエルの民を去らせてください。そうしないと、エジプトが滅びてしまいます」と訴えました。やっとそこでパロの心が少し動きました。「仕方ないから男の人だけ去らせる」とパロは言いました。モーセは「すべての民を去らせて欲しい」とパロに訴えましたが、パロは聞かなかったので、いなごの大群が町を襲いました。これが、第8の災害でした。パロが悔い改めたのでいなごを追い払いました。

ところが、またしてもパロは心をかたくなにしました。そして、第9は、3日間暗闇が襲うというものでした。それでもパロの心は変わりませんでした。

　そこで、最後10番めにエジプトびとのういご（一番初めに生まれた子供）が死ぬという大変なことが起こりました。それで、やっとパロはモーセの言葉を聞き、イスラエルの民をエジプト

エジプトの地に雹が降る

から去らせることを約束しました。この間、大変な災いが起こったのはエジプトの地だけで、神様に守られたイスラエルの民の上には何事も起こりませんでした。イスラエルの民は、神様がエジプトから救い出してくださることを、モーセとパロの戦いを見て知ることができました。そして、神様に感謝しました。

　このように、パロが神様の願いを聞かなかったので神様は怒られ、エジプトの地を打たれました。10回の災害にあって、やっとパロは神様の力を知りました。1回の災害でパロが心を素直にして神様の言葉に従えばよかったのですが、あまりにもパロの心は頑固でかたくなであったわけです。

　パロのようなかたくなで頑固な心ではなく、素直に神の言葉に聞き従うことのできる皆さんになってください。そして、モーセのように一生懸命に神様のみ言(ことば)を宣べ伝える人になりましょう。

14. 出エジプト

<聖句> 申命記 第34章12節
「モーセはイスラエルのすべての人の前で大いなる力をあらわし、大いなる恐るべき事をおこなった」。
<ポイント>
①イスラエル民族を救うために、すべてをモーセに託(たく)して導かれる神様。
②不信の思いや不平の心を抱くイスラエル民族を、神様を信じ、神様の願いどおりに導き勝利していくモーセの姿。
<聖書：出エジプト記第13章～20章、民数記、申命記参照>

イスラエル民族はモーセと共に出エジプトした

　今日は、「出エジプト」のお話をしましょう。イスラエル民族はモーセに従ってエジプトを出て、神が約束された地、カナンの地に向けて出発しました。

　イスラエル民族は、奴隷の立場から救い出された喜びと、カナンの地での新しい生活に夢をふくらませて、エジプトの地を出発しました。この時、イスラエルの民は男の人だけで60万人と言われています。モーセを先頭に、希望をもって出発していきました。この時、神様はカナンへの道は、シナイの荒野(あらの)を通る遠い道を選ばれました。その道は、とても難しい道でしたが、神様は昼は雲の柱、夜は火の柱で導いてくださいました。

　ところが、その後パロは再び心をかたくなにし、エジプトからイスラエルの民を出してしまったことを後悔しました。そして、すぐに600台の戦車を出して、イスラエルの民を追いかけました。イスラエルの民の前は葦(あし)の海です。そして、後ろはパロの軍勢が迫っているため、退(しりぞ)くことはもうできません。モーセとイスラエルの民は前に進むしかありません。モーセは神様に祈りました。そして、「主がなさる救いを見よ」

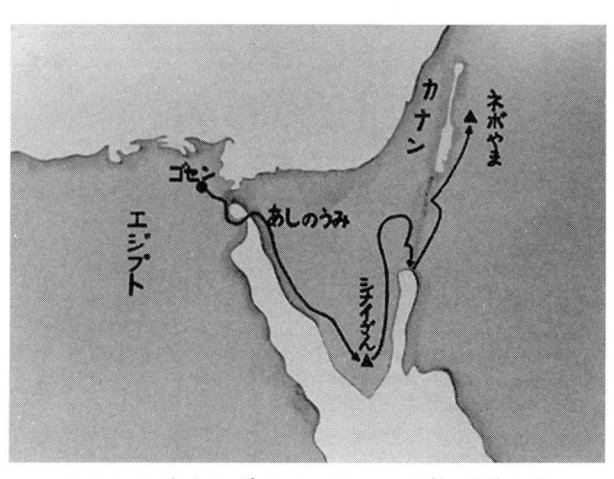

カナンの地をめざすイスラエル民族の道のり

と、持っていた杖を葦の海に向かってさし伸べました。するとどうでしょう。東のほうから強い風が起こって、海の水が左と右に分かれました。奇跡が起こりました。イスラエルの民は、その分かれた間の道を渡りました。民が渡り終えた時、モーセはすぐに、もう一度その杖をパロに向けました。すると、分かれていた水が、急に元に戻り、押し寄せて来ていたパロの軍勢は、海の中に投げこまれおぼれてしまったのです。イスラエルの民はみんな神様の力を信じました。そして、モーセを信じて、カナンの地を目指して再び出発をしたのです。

紅海（葦の海）を渡るモーセとイスラエル民族

　次に待ち受けていたのは、苦しい荒野の道でした。荒野というのは、見渡す限りの荒地で、飲む水も食べる物もありません。イスラエルの民はモーセに言いました。「砂漠の中で、私たちを飢えさせるために、ここまで連れてきたのか。食べ物もない、水もない。ここで死ぬよりエジプトに帰ったほうが良かった」。初めは喜んで出発したものの、少しの困難にぶつかると、人々は不平不満を言い始めたのです。モーセは神様に祈りました。神様は、このような不平不満を言うイスラエル民族の嘆きの声を知っていました。神様は民の願いに答え、食べ物がない時は、マナやウズラを与えてくださり、そして水がない時にはモーセが岩を打つと、水が出て飲ませてくださいました。神様は、イスラエルの民を愛し、求める物を与えられ、何としてもカナンの地に行くことができるように導いていかれました。

　モーセを中心とするイスラエルの民は、シナイの荒野に着きました。モーセは神に祈り続けました。モーセは「シナイ山に登りなさい」と言う、神の言葉を受けました。「わたしの所にきて、そこにいなさい。わたしが律法と戒めとを書きしるした石の板をあなたに授けるであろう」。モーセは40日40夜断食をしながら祈り続けました。モーセはイスラエル民族の救いのために命懸けで神様に祈ったのです。神様は十戒という神様の言葉を与えられました。第1の戒めとは、「あなたはわたしのほかに、なにものをも神としてはならない」。第2の戒めは「あなたは自分のために、刻んだ像を造ってはならない」。第3の戒めは、「あなたは、あなたの神、主の名を、みだりに唱えてはならない」、ほかに「父と母を敬いなさい」「殺してはならない」「盗んではならない」……と10の約束がしるされてい

ます。

神様に対して、不信の思いや不平の心を抱いてはいけない

モーセは神様に心から感謝して、山を降りてきました。ところが、モーセを待っていたのは、信仰あるイスラエルの民ではありませんでした。モーセがいない間に、金の子牛を造り、それを神様だと拝み、踊り狂っていました。神様はその悪をなした民を滅ぼされようとされました。神様は悪を許すことはできません。モーセが見たイスラエルの民の姿は、あまりにも悪に満ちていたので、モーセにも神の怒りが込み上げ、40日断食をしながら命懸けで、神様から頂いた石板を、地面にたたきつけて壊してしまいました。そして悪なる人たちを滅ぼしました。

十戒

金の子牛の前で踊り狂うイスラエルの民

モーセは、再びイスラエル民族の救いのために祈りました。そして再びシナイ山に登り40日40夜の間断食をし、祈りながら、神様のみ言(ことば)を受けることができるようになったのです。

み言(ことば)を携(たずさ)えて民の前に現れたモーセの姿は、本当に光り輝いていました。イスラエル民族はモーセと一つになって、カナンの地に出発していきました。カナンの地にたどり着くまで、言葉には言えないほどの苦労の道が残っていました。その苦労に負けてしまった人と、苦労を感謝してモーセに従っていった人と二つに分かれてしまいます。モーセは神様に祈って許しを請いながら、イスラエルの民をカナンの地へ導こうとしました。

モーセはあと少しでカナンに着くという時、あまりのわがままなイスラエルの民族に腹を立て、岩を二度打ってしまいました。神様が一度だけ打ちなさい、と言われたことを守らず、怒って二度打ってしまったのです。そのために、モーセ

はカナンの地に入ることができなくなってしまいました。

　ここまでイスラエル民族を導いてきたモーセでしたが、この失敗だけは神様もどうすることもできませんでした。神様はモーセに約束の地カナンを見せられました。そして、この後、荒野の中で生まれ育った若者たちと、ヨシュアが、モーセの後を立派に継ぎ、神様との約束を守り、カナンの地に入っていきます。

　イスラエル民族を救い出すために、命懸けで神様に対する信仰を守っていったモーセのことをよく知って、神様の願いを果たす者となっていきましょう。

15. ヨ シ ュ ア

<聖句> 申命記 第31章6節
「あなたがたは強く、かつ勇ましくなければならない」。
<ポイント>
①モーセの後を継ぐものとして、ヨシュアが神様から選ばれる。ヨシュアの前進的な信仰姿勢を学ぶ。
②ヨシュアとイスラエル民族が、神様を中心にして、心情一致して、エリコを陥落(かんらく)させる。
<聖書：民数記第13章～14章、ヨシュア記第1章～6章参照>

ヨシュアを中心として、イスラエル民族はカナンの地に入った

先回、モーセがカナンの地を目前にして、入ることができず、その後、荒野で生まれ育った二世の若者たちとヨシュアがカナンの地を目指すということをお話ししました。今日は、ヨシュアを中心とする若者たちが、どのようにカナンの地に入っていったかということをお話ししましょう。

イスラエルの人々がカナンの近くまで来た時、神様はモーセにカナンはどんな所か調べるように言われました。12人の人が選ばれました。40日間、ヨシュアをはじめ12人の人たちは、カナンの地に入り、様子を探りました。そして大きなぶどうやいちじくを持って帰り、見た事を報告しました。10人の人は「その地は、本当に素晴らしく、たくさんの果物がなっています。けれどもそこに住む人たちは、とても背が高く、大きく、強い人たちだから、私たちは、とても勝てそうにありません」と答えました。けれども、ヨシュアとカレブの2人だけは「カナンは乳と蜜(みつ)の流れる良い地です。神様が共におられますから、恐れることはありません。私たちはすぐにのぼって、攻め取りましょう」と、訴えました。神様は、ヨシュアとカレブの報告を喜ばれました。

モーセが亡くなった後、神様はその願いをヨシュアに託(たく)されました。神様はヨシュアに言いました。「わたしは、モーセと共にいたように、あなたと共におるであろう。わたしはあなたを見放すことも、見捨てることもしない。強く、また雄々しくあれ」。イスラエル民族は、ヨシュアに向かって「あなたが我々に命じられたことは何でも行います。あなたの命令にそむく者は、生かしておきません。強くまた雄々しくあってください」と、励ましました。このように、ヨシュアと

イスラエル民族の心が一つになりました。

ヨシュアは、2人の斥候（敵の様子を見てくる人のこと）に、エリコの町を探らせました。この2人はとても勇気のある人で「本当に、神様はこの国（カナン）をことごとく我々にお与えになりました。この国の住民は我々の前に震えおののいています」と、報告しました。それを聞いたヨシュアは力を得て、エリコに向かって出発する準備をしました。3日間ヨシュアは神に祈り、いかに今からエリコの城を攻めるか、神の前に尋ねました。そして神様から知恵を頂きました。

ヨシュアたちは、ヨルダン川までやってきました。神様の言葉が記された石板の入った契約の箱を祭司たちが担いで、ヨルダン川を渡ろうとしました。この時、祭司たちが川に足を一歩踏み入れたとたん、川の水が川上のほうでせき止められて、人々は乾いた地を通って渡ることができました。これは、モーセが紅海を渡る時、神様が起こしてくださった奇跡とよく似ていました。神様が共にいてくださり、奇跡を示してくださったのです。

ヨルダン川を渡る祭司たち

ヨシュアとイスラエル民族が心情一致してエリコ城を陥落させた

いよいよエリコの町にやってきました。エリコの町は、周りが高い石垣で囲まれていて、外から来た人々は、簡単には入れないようになっていました。またエリコの人々は、イスラエルの軍隊が進軍してきたことを恐れて、堅く門を閉ざしてしまいました。神様はヨシュアに「見よ、わたしはエリコと、その王および大勇士を、あなたの手に渡している。エリコの町を、一日一回だけ回りなさい。次の日も次の日もそうして6日間回りなさい。そして、7日目には、7回町の周りを回りなさい。7回、回り終わったら祭司たちは、ラッパを吹き鳴らさなければなりません。ラッパの音が聞こえたら、皆で大声で叫びなさい。そうすれば、町の周りの石垣は崩れ、攻め上ることができる」と、言われました。

ヨシュアは、神様が言われるとおりにしました。1日め、町の周りをダッダッダと、何も話さずに、進軍しました。2日め、3日め、……6日めまで無言の無気味な進軍が続きました。祭司たちを先頭にするその行列は、今までずっとイスラエルを導かれた神様を中心として回っている姿であり、心を一つにして神を愛

し、信じたイスラエルの民の姿でした。自分勝手に行動する人はいませんでした。いよいよ7日めがやってきました。朝、早く起きてヨシュアは民に言いました。「今日は、エリコの町を7回回ったら、ラッパを吹き鳴らす。それまでは一言(ひとこと)も話さないで、ラッパの音が聞こえたら、大きな声で叫びなさい」。みんな一言も話さず、ダッダッダと歩きました。ラッパが聞こえると、みんなは言われたとおり、大声で一斉(いっせい)に「オーッ」と叫びました。するとどうでしょう。その声があまりにも激しかったためでしょうか。エリコの城壁がガラガラと崩れ落ちたのです。そして、エリコの人々はイスラエル軍によって完全に滅ぼされてしまいました。

エリコ城の陥落

こうして、ヨシュアと若者たちはアブラハムの時から神様が約束されていたカナンの地に入ることができました。ヨシュアを中心として、人々は戦い、勝利し、カナンの地に神の国を築くために前進していきます。

ヨシュアのように、いつも神様を信じ、どんな難しいことも、つらいことも勇気をもって乗り越える人が、神様の国を創(つく)る人として選ばれたのです。そして、城壁を崩して、エリコの町に入ることができたのは、荒野で生まれ育った若者たちが、ヨシュアと心を一つにして、神様を信じ戦い続けたからでした。

私たちもヨシュアのように、強く雄々しく進んでいきましょう。そして、心を一つにして、神様の国を造っていきましょう。

ヨシュア

16. ギデオン

<聖句> 士師記 第6章12節
　主の使は彼に現れて言った、「大勇士よ、主はあなたと共におられます」。
<ポイント>
①不信仰を犯したイスラエル民族に対して、神様は「士師」という裁き司を遣わされ、民を導かれる。
②士師ギデオンは、神様のみ言を信じ、神を確信し、神から知恵と力を頂いて、300人の勇士と共にミデアンびとを攻め、勝利する。ギデオンの勇気と信仰を学ぶ。
<聖書：士師記第6章〜7章参照>

神様は、士師としてギデオンを召命された

　今日は、「ギデオン」のお話をしましょう。先週ヨシュアを中心として、イスラエルの人々が、カナンの地に入ることができたことをお話ししました。ヨシュアが110歳で亡くなるまで、イスラエルの人々は、正しい神を信じていました。

　ところが、ヨシュアが亡くなるとイスラエルの人々は、本当の神様を忘れ、バアルという偶像を神様として信じるようになっていきました。神様は、このままだとイスラエル民族は、神様から離れて悪いことをしてしまうと思われました。そこで、神様はミデアンびとの力を強くして、イスラエルの人々を懲らしめられました。イスラエルの人々は、山の中に逃げて洞穴の中に住んだり、隠れたりして住まなければなりませんでした。食べ物もなくなり、困ったイスラエルの人々は、とうとう神様に助けてくださいと、救いを求めるようになりました。

　神様は、イスラエル民族が神様を忘れ、間違った信仰をした時に「士師」といわれる指導者を送られ、イスラエル民族を神様のほうに正しく導かれました。「士師」というのは「裁き

ギデオンの召命

司」という意味で、人間の心を正しい方向に導き、司どり、治めていく人のことです。神様はその士師として、ギデオンという人を選ばれました。

　ある日、ギデオンが麦を打っていると、神様の使がギデオンに現れました。「大勇士よ、主はあなたと共におられます」と言いました。突然のことにギデオンは驚きました。「あなたはこのあなたの力をもって行って、ミデアンびとの手からイスラエルを救い出しなさい」と、主の使が言いました。ギデオンは「自分がどうしてそのようなことができるでしょう、私は最も弱いものです」と、言いました。けれども「神様が共にいらっしゃるので、ミデアンびとを撃つことができます」と、主が励まされました。

　ギデオンは、神様が共にいてくださるという確信を得て、神様の前に闘う勇士となっていきました。さらに神様は「あなたのお父さんのもっているバアルの祭壇を打ち壊し、そのかたわらにあるアシラの像を切り倒しなさい」と言われました。ギデオンは神様を信じ、夜になって偶像を打ち壊しました。町の人々はいったいだれが像を壊したかと騒ぎましたが、お父さんがギデオンをかばい、ギデオンは神様によって守られました。ギデオンは、ますます力を得て、神様が願われる勇士となっていきました。

　いよいよギデオンはミデアンびとを打つことになります。周りの部族に呼び掛けると、32,000人の兵士たちが集まってきました。こんなに大勢いては、たとえミデアンびとに勝っても「自分たちの力で勝ったんだ。神様の力ではない」と言い出すことを、神様は知っていました。それで、神様はギデオンに知恵を与えました。ギデオンは「だれでも、恐れおののく者は帰れ」と言いました。すると、22,000人が帰り、10,000人が残りました。それでも、神様は「まだ多すぎる」と言われました。そこで、兵士たちをハロデの泉に連れていきました。「水を飲みなさい」と言うと、兵士たちはのどが渇いていましたから、水を飲み始めました。犬が水をなめるように飲んでいる者、あるいはしゃがんだり、座り込んだりして飲んだ者もいました。「その人たちは全部だめだ」と、神様は言われました。すると残ったのは、わずか300人になってしまいました。今から戦いに行くわけですから、水をしゃが

泉の水を飲む兵士たち

み込んで飲むような人は兵士になれないというのです。残った300人というのは、絶えず周りに気配りしながら、手で水をすくって口にあてて飲み、片方の手はいつでも剣を抜いて戦える状態にしておいたのです。

ギデオンと300人の勇士たちは信仰と勇気でミデアンびとに勝利した

いよいよ闘いの時がやってきました。たった300人で戦うのです。敵のミデアンびとは数えられないほどの人数でした。けれども、ギデオンは神様を信じました。神様はギデオンに言いました。「立ちなさい。下っていって敵陣に攻め入りなさい」。

ギデオンは部下を連れて、ミデアンびとの所へ偵察（ていさつ）に行きました。すると、ミデアンびとがこんな話をしていました。「わたしは夢を見た。大麦のパン一つがミデアンの陣中（じんちゅう）にころがってきて、天幕をぺちゃんこに倒してしまうんだ」。すると、仲間が言いました。「それはギデオンに違いない。神様はギデオンを勝たせるんだ」。ギデオンはその話を聞いて、神様に礼拝しました。ギデオンは、神様が共にいてくださるということを信じ、力を得て立ち上がりました。

神様はギデオンに再び知恵を与えられました。まず、300人を三つのグループに分けました。左手にたいまつを持ち、火が見えないように、壺（つぼ）をその上にかぶせました。そして右手に角笛（つのぶえ）を持ち、剣（つるぎ）も腰に下げました。そして、「わたしと共におる者が角笛を吹いたら、全員が角笛を吹き『主のための剣、ギデオンのための剣』と叫びなさい」と、話しました。

真夜中です。しーんと静まりかえった中、ミデアンびとたちはみんな眠っています。ギデオンが、まず角笛を吹き鳴らしました。さらに300人が一斉に吹き鳴らしました。たいまつの火をおおいかぶせていた壺が割られ、ガチャンと一斉に鳴り響きました。

ミデアンびとはびっくりして起き上がりました。「敵が攻めてきた！」と叫び始めました。何万もの兵士が押し寄せてきたと思いましたから、びっくりしました。そしてあわてて逃げまどいました。300人が口々に「主のための剣（つるぎ）、ギデオンのための剣」と叫びながら、ミデアンびとの陣地（じんち）に攻め込みまし

ミデアンびとの陣地を攻めるギデオンと勇士たち

た。あわてたミデアンびとは、仲間同士で戦ったり、逃げていったりして、あっという間にギデオンの軍隊が勝つことができました。

　こうして、わずか300人で勝利できたのも、神様の力によるものでした。ギデオンは神様のみ言(ことば)を信じて、勇気をもち、神様と共になせば、何も恐れることはないということを教えてくれました。

　ギデオンのような、信仰と勇気をもって、私たちも神様と共に歩んでいきましょう。

17. サムソンの力の秘密

<聖句> 士師記 第13章5節
「その子は生れた時から神にささげられたナジルびとです」。
<ポイント>
①サムソンは、神様から特別選ばれて誕生したさばきづかさ（士師）であることを知る。
②イスラエルを救うために、命懸けで神様を愛し、神のために戦い抜いたサムソンの信仰を知る。
<聖書：士師記第13章～16章参照>

サムソンはナジルびととして聖別されて生まれた

今日は、「サムソン」のお話をしましょう。サムソンもギデオンと同じように、士師の中の1人で、裁き司の1人でした。

このころ、カナンには、特別に地中海の海岸を中心として、鉄の武器を持った強い民族ペリシテびとがいました。このペリシテびとが40年間、イスラエルの地を荒らし回った時、天から送られた勇士がサムソンです。

サムソンは、イスラエルの12部族の中のダン族の1人として生まれました。サムソンが生まれる時に、神様の予告がありました。主の使が、マノアという人の妻に現れて言いました。「あなたは身ごもって男の子を産むでしょう。その頭にかみそりをあててはなりません。その子は生まれた時から神にささげられたナジルびとです。彼はペリシテびとの手からイスラエルを救い始めるでしょう」。ナジルびとというのは聖別された者、神様から特別選ばれた者という意味です。生まれてきた子供を育てるに当たって「すなわちぶどうの木から産するものは、すべて食べてはなりません。またぶどう酒と濃い酒を飲んではなりません。また、すべて汚れたものを

主の使とサムソンの母

食べてはなりません。わたしが彼女に命じたことはみな、守らせなければなりません」と、主の使が言いました。マノアとその妻は、神様のみ言(ことば)を感謝して受けました。

　こうして、サムソンはペリシテびとからイスラエル民族を救うために、神の霊に満たされて成長していきました。背も高く、とてもたくましい青年になりました。

　ある日、サムソンがぶどう畑を通りかかった時、突然ライオンが襲いかかってきました。その時サムソンは神の霊に満たされていたので、全く驚かず、何の武器も持たず、堂々とライオンに向かっていき、素手でライオンの口を引き裂いてしまいました。すごい怪力でした。また、ろばの大きなあご骨で敵を1000人も打ち殺しました。ペリシテびとは、サムソンをとても恐れました。けれども、ペリシテびとは何とかサムソンをやっつけることができないかと、弱点はないかとねらっていました。

ライオンを倒すサムソン

　ペリシテびとの中にデリラという美しい女の人がいました。サムソンは、このデリラにとても心を引かれました。ペリシテびとの指導者たちは、このデリラをうまくあやつり、サムソンの怪力の秘密を探り当てようとしました。「もし、サムソンの怪力の秘密が分かれば、銀1100枚をあげましょう」と、デリラに言いました。デリラの心はお金に目がくらみ、ペリシテびとの指導者の言うとおりにしました。

　最初、デリラがサムソンに「怪力の秘密は何なのか」と尋ねた時にサムソンは「乾いたことのない弓づるでわたしをしばりあげれば弱くなる」とウソの答えを言いました。2回目に聞いた時には「今まで使ったことのない全く新しい綱(つな)で、わたしをしばりあげると弱くなる」と、またウソの答えを言いました。そうして3回目に聞いた時には「はた織り機をもってきて、この縦糸の中にわたしのこの長い毛を織りこみなさい。そうすれば、弱くなる」と、またウソの答えを言いました。三度までだまされたデリラは、サムソンに「なぜあなたは、三度もわたしを悲しませるのですか？」と、嘆きました。

　今まで神様との約束を守り続けてきたサムソンでしたが、デリラがあまりにもしつこく迫ってくるので、とうとう、神様が絶対言ってはならないということを、言ってしまいました。「わたしの頭には、かみそりを当てたことがありません。

わたしは生まれた時から神にささげられたナジルびとだからです。もし、髪をそり落とされたなら、わたしの力は去って弱くなり、ほかの人のようになるでしょう」。

サムソンは、罠にはまったが、生命懸けで神を愛し、イスラエル民族を救った

デリラはすぐにペリシテの指導者に伝え、サムソンが眠っている間に髪の毛をそり落としました。サムソンが目を覚ました時には、綱で縛りあげられ、もはや解き放つことができませんでした。サムソンは両目をくり抜かれ、ガザという所に連れて行かれ、牢屋に入れられて、牛の代わりにうすを引かされました。

髪の毛を剃り落とされるサムソン

ある日ペリシテびとの指導者たちは、ペリシテびとの神ダゴンの宮に集まってお祝いの時をもちました。この間にサムソンの髪の毛が伸びてきていました。その場に呼び出されたサムソンは、最後に神様に祈りました。「ああ、主なる神よ、どうぞわたしを覚えてください。ああ神よ、どうぞもう一度、わたしを強くして、わたしの二つの目の一つのためにでもペリシテびとにあだを報いさせてください」。サムソンは、最後の力を振り絞って神に祈りました。

そしてダゴンの宮殿の真ん中に立ち、宮殿を支えている二つの柱に、右の手と左の手を当てました。そして、満身の力を込めて二つの柱を押したというのです。サムソンは「わたしは、ペリシテびとと死ぬ」という覚悟でこの場に立ちました。「わたしにもう一度力を与えてください。わたしは、わたしの生命をこの場で捨てます。このペリシテびとと共に死にます」と言って、生命を懸けて、満身の力を込めて押しまし

ペリシテびとの宮殿を生命懸けで崩すサムソン

た。
　宮殿はガラガラッと崩れ落ち、その場にいたペリシテびと約6,000人は共に死にました。
　サムソンは最後の最後まで、神を信じ、神とイスラエルのために戦い抜いた1人の士師でした。
　このように生命懸けで、イスラエル民族を救おうとしたサムソンの信仰を知って、神様のために生きる者となっていきましょう。

18. 優しいルツ

<聖句> ルツ記 第1章16節
「あなたの民はわたしの民、あなたの神はわたしの神です」。
<ポイント>
①ルツは異邦の民（モアブ人）であったが、イスラエルの神を愛し、親孝行をした人であった。
②神の血統を愛し守る者であるならば、いかなる者であっても、神は、その者を愛し、神の血統の中に入れることができるという神の公平な愛を知る。
<聖書：ルツ記第1章～4章参照>

異邦の民ルツはお母さんのナオミと共にベツレヘムに帰った

　今日は、「優しいルツ」というお話をしましょう。裁き司の時代にあった話で、心温まるお話の一つです。

　裁き司の時代に、ユダのベツレヘムという所で飢饉が起こりました。雨が降らず、地面が乾いてしまって作物がとれないのです。そこにエリメレクという人がいました。奥さんの名前をナオミといいます。2人にはマロンとキリオンという息子がいました。エリメレクの一家は、作物がとれないので、モアブという所に行くことにしました。

　ところがモアブの地で、父のエリメレクが亡くなり、お母さんのナオミと息子2人が残されました。そしてモアブの地で、2人の息子はお嫁さんをもらいました。ルツとオルパといいます。お兄さんのマロンのお嫁さんがルツです。ところが、モアブの地で過ごす間に2人の息子が亡くなり、残されたのはお母さんのナオミと、ルツとオルパの3人になってしまいました。お母さんは悲しみのあまり、どうしてよいか分かりませんでした。

　それで、ナオミはふるさとのベツレヘムへ帰ることにしまし

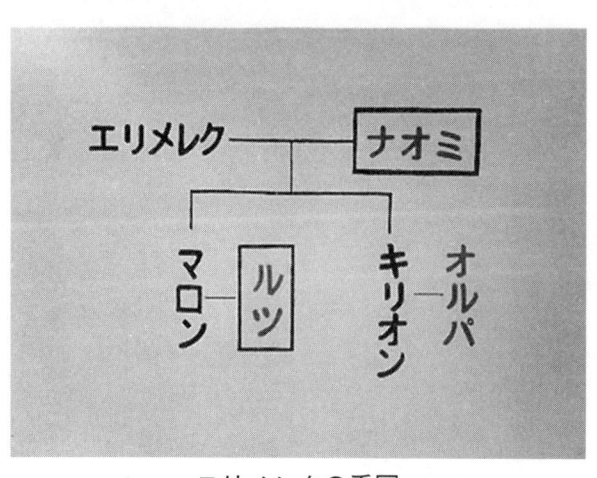

エリメレクの系図

ナオミの後についていくルツ

た。ナオミは2人のお嫁さんに話しました。「お前たちは、今まで本当に私の息子のために、一生懸命に尽くしてくれました。あなたがたはまだ若いから、ふるさと（モアブの地）に帰って、夫を迎え、そして幸福な生活をしなさい」と言いました。

その言葉を聞いた2人のお嫁さんは、お母さんのナオミを心から愛していたので、別れるのが悲しくて泣いてしまいました。ナオミが「やっぱり帰ったほうがよい」と、もう一度話をすると、オルパは涙を流しながら、お母さんのナオミに別れを告げて帰っていきました。ところが、ルツは違いました。「わたしはお母さんの元から離れて、自分の故郷に帰ることはできません。わたしは、お母さんと一緒にベツレヘムの地に帰ります。あなたの民はわたしの民、あなたの神はわたしの神です」。このようにルツは言いました。この固い決意を知ったナオミは、ルツと一緒にベツレヘムに帰ることにしました。

ベツレヘムに帰ったナオミとルツは、母と娘という立場で貧しい生活を始めました。ちょうど大麦刈りの時でした。ルツは落ち穂拾いのために畑に出掛けることにしました。落ち穂拾いというのは、大麦を刈って束ねる時に落ちる穂を拾って、それを自分の食べ物とするのです。

エリメレクの一族の中に、お金持ちの親族でボアズという人がいました。ボアズはとても心の優しい人でした。

ルツがモアブの人でありながら、ベツレヘムまでお母さんについて来て、一生懸命お母さんに尽くしている、そういうルツの姿を見てボアズはとても感動しました。それでルツのために特別に親切にしてくれました。大麦の落ち穂をたくさんルツが拾えるようにしてくれたり、食

ボアズの畑で落ち穂を拾うルツ

べる物も与えてくれました。その話を聞いたナオミは、大麦をくれた人が親族のボアズであることを知って、神様に感謝しました。ボアズは、お母さんを愛するルツの美しい心に感動し、ルツもボアズの温かい心を知って2人は結婚しました。

ルツの信仰によって、その血統からダビデが誕生していく

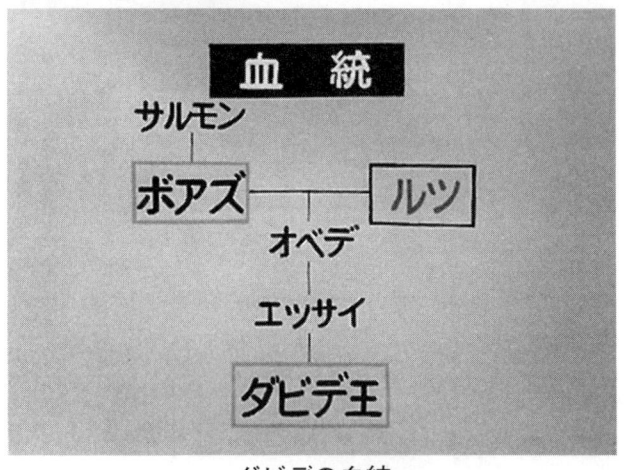

ボアズとルツの間に1人の男の子が生まれました。その子をオベデと言います。その時、お母さんのナオミはとても感動し、周りの女性たちも「主は、ほむべきかな」と、主なる神を褒めたたえました。「どうぞ、その子の名がイスラエルのうちに高く揚げられますように」と。このオベデからエッサイが生まれ、エッサイからダビデが生まれてきます。ダビデはイスラエルの立派な王になります。

ダビデの血統

ルツはモアブびとでしたが、神様を愛する人であったので、神様の血統の中に入ることができたのです。ボアズからオベデ、エッサイ、ダビデと血統が続いていくわけですから、イスラエルの最高の王様であるダビデ王のお父さんはエッサイ、オベデはおじいさん、ボアズはひいおじいさんということになります。そうするとルツは、ダビデのひいおばあさんに当たるわけです。このようにして、ルツという1人の女性が、自分の民族よりもイスラエルの神様を愛した結果、その子孫の中からイスラエルの最高の王様が生まれたのです。神様はイスラエルの民を最高に愛されました。しかし、イスラエルの民だけを神様が愛されたわけではありません。もし、イスラエルの民以上に、神様を愛する人がいれば、その人がカナンびとであろうと、モアブの女性であろうと、その女性は神様の愛の血統の中に入ることができるということです。

すべての人々を愛される神様であるということをよく知って、神様を心から愛する者となっていきましょう。

19. 母ハンナとサムエル

<聖句> サムエル記上 第1章28節
「それゆえ、わたしもこの子を主にささげます。この子は一生のあいだ主にささげたものです」。

<ポイント>
①サムエルは、母ハンナのあつい信仰によって生まれた。
②サムエルは「祈りの人」といわれるほど、神様を深く愛し、イスラエル民族のために、神様に祈った人である。

<聖書：サムエル記上第1章～3章参照>

母ハンナの祈りによって、サムエルは誕生した

今日は、「母ハンナとサムエル」のお話をしましょう。サムエルのお父さんはエルカナ、お母さんはハンナという人でした。

実は、サムエルが生まれるまでは、なかなか子供ができなかったので、お母さんのハンナはとても悲しい思いをしてきたのです。子供が生まれないといって、周りの人たちからいじめられました。もう、食べ物ものどを通らないほど、苦しくて、泣いて、何も食べようとはしませんでした。それを見たエルカナは「ハンナよ、なぜ泣くのか。なぜ食べないのか。子供がいなくても、あなたがいてくれるだけで、わたしはうれしいのだよ。元気を出しなさい」と言って慰めてくれました。

さて、エルカナとハンナは、1年に一度必ずシロという所に上っていって、神様に礼拝をささげていました。シロには、モーセの時に神様が下さった石板（十戒のみ言）が入った契約の箱が置いてあるのです。そこで、礼拝をしました。ハンナは、子供がいないことが悲しみとなっていましたから、何とかして子供を授かりたいと思い、その年もシロにやって来て、神様に深くお祈りしました。泣きながら激しくお祈りしまし

母ハンナの祈り

た。そして、「神様、本当にわたしの悩みをお聞きになって、わたしを覚え、わたしを忘れないで、わたしのような者に男の子を授けてくださいますならば、わたしはその子を一生の間、神様にささげ、その髪の毛を切りません」と誓いを立てました。その様子を見ていたのが、祭司エリでした。ハンナの祈りを知って、エリも一緒にお祈りしてあげました。こうして、ハンナは喜んで家に帰りました。

　しばらくして、ハンナは男の子を産みました。その子がサムエルでした。ハンナは「神様がお祈りを聞いてくださったのだ」と喜び、神様を褒めたたえました。

　サムエルが２、３歳になったころ、ハンナはサムエルを連れてシロに上ってきました。「エリ先生、わたしはこの宮で神様に子供を授けてくださいと祈った者です。神様は、子供を授けてくださいました。それで、わたしはお約束したとおりに、この子を一生、神様におささげいたします」と、ハンナはエリに言いました。ちょうど２、３歳というと、ことばを覚えてかわいい時です。たった１人しかいない男の子でしたが、神様におささげしました。それから、サムエルは神様のお仕事をする人として、祭司エリのもとで勉強することになりました。ハンナは「わたしの心は神様によって強められた」と神様を褒めたたえました。ハンナは、サムエルのために毎年新しい着物を作って持ってきました。その後、ハンナは神様に祝福されて、５人の子供が与えられました。

母ハンナと共に聖所に上るサムエル

サムエルは祈りの人であった

　サムエルは、神様にも人々にも愛されて、すくすくと育っていきました。サムエルが12歳くらいになった時のことです。祭司エリのもとで教育を受けていたサムエルは、神様の前にいつもお祈りをしていました。エリも年を取ってきて、次第に目がかすんで見えなくなってきていました。夜になって、エリは自分の部屋で寝ていました。サムエルも、契約の箱がある聖所のそばで寝ていると「サムエルよ、サムエルよ」という声が聞こえてきました。サムエルは「はい、ここにおります」と言ってエリの所に走って行き「あなたがお呼びになりました。わたしは、ここにおります」と言いました。ところが、エリは呼んだ覚えがなかったの

で「わたしは呼ばない。帰って寝なさい」と言いました。

同じことが三度繰り返されました。それで、三度めの時にエリは「それは、神様の声だ」と気が付きました。「もし、今度サムエル、サムエルという声が聞こえたならば、『はい、わたしはここにおります。どうか、神様お話しください』と言いなさい」と、エリはサムエルに言いました。サムエルが自分の部屋に帰って寝ていると「サムエルよ、サムエルよ」と神様が呼ばれました。サムエルは起きて「どうか、神様お話しください」と言いました。少年サムエルに神様が直接み言（ことば）を語られたのです。このころ、神様の声を聞くということは普通ではありませんでした。それは、祭司の仕事をしているエリの2人の息子たちが悪いことをしていたので、罰を与えるという話でした。朝になって、エリに呼ばれたサムエルは、神様が語られたみ言（ことば）を話しました。

神の声を聞いてエリを訪ねるサムエル

サムエルは、神様に守られて、大きく成長していきました。サムエルは、イスラエルの人々に神様のお話をして回りました。そして、イスラエルの人々のためにたくさんお祈りをしてあげました。イスラエルの人々は、サムエルのお話を聞くことが大好きでした。神様のことがよく分かりました。それは、神様がサムエルと共におられたからです。サムエルは、神様のみ言（ことば）を伝える預言者（よげんしゃ）といわれた人でした。

サムエルは、お母さんのハンナの祈りによって生まれた人でした。そして、サムエルもよくお祈りをした人でした。皆さんも、お父さん、お母さんのお祈りの中で生まれてきました。これからも、サムエルのようにたくさんお祈りをする人になっていきましょう。

サムエルの祈り

20. ダビデと巨人ゴリアテ

<聖句> サムエル記上 第17章45節
「わたしは万軍の主の名、すなわち、おまえがいどんだ、イスラエルの軍の神の名によって、おまえに立ち向かう」。

<ポイント>
①神様が王を選ばれる基準は、顔かたちではなく、心が重要である。
②ゴリアテと戦って勝利したダビデの勇気と、神様を絶対的に信じた信仰を学ぶ。

<聖書：サムエル記上第16章～17章参照>

サムエルはダビデに油を注ぎ、ダビデがイスラエルの王となることを預言

　今日は、「ダビデと巨人ゴリアテ」というお話をしましょう。前に、ルツのお話をしましたが、ボアズとルツからオベデ、オベデからエッサイ、エッサイからダビデが生まれてくるのです。ダビデは、後にイスラエルの最高の王様になりました。このダビデと戦うのが巨人ゴリアテで、ペリシテ軍の中で最も体が大きく力の強い軍人でした。

　ダビデが少年時代のころ、イスラエルの王様はサウルでした。サウル王が神様の願いを聞かなかったので、神様は、次の王にダビデを選びました。神様がサムエルに「角に油を入れて、エッサイの所に行き、その子の１人に油を注いで王としなさい」と言われました。サムエルは、エッサイとエッサイの子供たちを呼びました。8人のうち7人がやって来ました。一番上のお兄さんのエリアブを見た時、サムエルは「この人こそ神様がお選びになった人だ」と思いました。その人は、サウル王の若い時のように、顔が美しく、背の高い立派な人だったからです。しかし、神様は「顔かたちや背の高さで人を見てはいけない。あなたは、人間の外側ばかり見ている。わ

王を選ぶサムエルとダビデの兄弟たち

たしは、人の心の中を大切にします」と言われました。これは、王様になる人は良い心をもった人が選ばれるということです。

　それで、7人の子供たちが次々にサムエルの前に立ちました。どの人も立派でしたが、神様が選んだ人ではありませんでした。8番めの子供が残っていることを知ったサムエルは、すぐにその人を呼びにやりました。それが、ダビデでした。ダビデは、野原で羊を飼う羊飼いでした。着ている着物は汚れていましたが、日にやけた顔は健康そのもので、目は輝いていました。神様は「これがわたしの選んだ人です。立って油を注いで王としなさい」と、言われました。油を注ぐというのは、王様になるということです。こうして、ダビデは神様から限りなく愛されるようになります。

　さて、サウル王は神様から遠ざかっていき、悪霊に取りつかれるようになっていました。それで、サウル王は毎日のように、頭が痛いと言って悩んでいました。サウル王の家来が「上手に琴を弾く少年がいます。そのきれいな琴の音を聞くと、きっと良くなるでしょう」と言いました。その人がダビデでした。サウル王はダビデの琴の音を聞く

サウル王のためにたて琴をひくダビデ

ことによって、心の中が明るくなり、頭もすっきりしました。それから、ダビデは琴を弾きながら、サウル王にお仕えしました。

　そのころ、イスラエルはペリシテびとと戦争をしていました。ダビデのお兄さんたち3人も戦争に出ていましたので、お父さんのエッサイは心配して、ダビデに様子を見てくるように頼みました。ダビデは、いり麦とパンを持って戦場に出掛けていきました。行ってみると、突然雷のような太い声が響きわたっていました。ダビデが谷の向

巨人ゴリアテ

こうを見ると、見たこともない大男が大またに進み出てきました。それが「巨人ゴリアテ」でした。「イスラエルびとよ、出てこい！　わたしと戦う者はいないのか！」とゴリアテは大声で言いました。イスラエル軍は恐れおののいて、だれ1人として戦う者はいませんでした。

ダビデは神様を信じて巨人ゴリアテを倒した

　それを見ていたダビデは「あの巨人は神様を信じているイスラエル軍に戦いを挑んでいます。神様を信じていない者が、どうして神様を信じているイスラエル軍に勝つことができるでしょうか」と怒って言いました。それで、ダビデは「あのゴリアテと戦わせてください」とサウル王に頼みました。しかし、サウル王は「ゴリアテは巨人だし、軍人でもあるから、どうして戦うことができようか」と許しませんでした。そこでダビデは、今まで自分よりも大きいライオンやくまが襲ってきても、神様の助けで堂々と打ち倒したことを話しました。それを聞いたサウル王は「よろしい。ゴリアテと戦いなさい。どうか、神様が共にいてくださるように」と許してくれました。

　ダビデは、鎧や兜を着けないで、羊飼いの姿でゴリアテに向かいました。手に杖を持ち、石を5個拾って自分の持っている羊飼いの袋に入れ、手に石投げ器を持ってゴリアテに近づいていきました。ゴリアテは、近づいてくるダビデを見てびっくりしました。ダビデはまるで子供のように小さく、戦いのための鎧や兜も着けていなかったからです。ゴリアテはダビデをばかにして笑いました。「杖を持って向かってくるが、わたしは犬なのか」とダビデに向かって、神様の悪口などを言い始めました。ダビデは「あなたは刀と槍でわたしと戦うが、わたしは神様の名によって戦います。わたしたちの神様は、どんなに強い勇士よりも強い方です。この神様がわたしに勝利を与えてくださった時、皆が、この神様こそ本当の神様だと分かるでしょう」と言って、ゴリアテに立ち向かっていきました。

　ダビデは、袋の中から石を1個取り出すと、石投げ器に入れ、右手に持って頭の上でぐるぐると回し、パッと石を投げつけました。超スピードで跳んでいっ

巨人ゴリアテを倒すダビデ

た石は、ゴリアテの額の真ん中にバシッと当たりました。いきなり石が跳んできたので、ゴリアテは体をそらす間もなかったのです。ゴリアテの額に石が命中して、バターンと地面に倒れてしまいました。これを見たペリシテびとは、恐れをなして逃げていってしまいました。ダビデが、神様を信じて神の名によって戦ったがゆえに、ゴリアテに完全に勝利することができたのです。

　神様と一つになれば、できないことはありません。ぼくたち、わたしたちも、ダビデのように勇気をもって神様を絶対的に信じれば、必ず勝利できることを知って頑張りましょう。

21. ソロモンの知恵

> <聖句> 列王紀上　第4章29節
> 「神はソロモンに非常に多くの知恵と悟り（さと）を授け、また海べの砂原のように広い心を授けられた」。
> <ポイント>
> ①ソロモン王は、知恵と悟りを神様より授かった。
> ②ソロモンは、父ダビデ王の遺志を受け継いで、神殿建設を成し遂げた。
> <聖書：列王紀上第3章〜10章参照>

ソロモンは神様より授かった知恵をもって民を治めた

　今日は、ダビデ王の次に王様になったソロモン王のお話です。ソロモンは20歳くらいの時に、ダビデ王のすべてを受け継いで王になりました。その時に、お父さんのダビデがソロモンに言ったことは「神様を愛する人になりなさい」、そして、「神殿を造りなさい」ということでした。それはモーセの時から神様が願われていたことでした。ソロモンは神様を愛し、よくお祈りをしました。

　ある時、ギベオンという所で礼拝をしていた夜、ソロモンは夢を見ました。神様が「あなたに何を与えようか、求めなさい」、と言われました。この時、ソロモンは「良いこと、悪いことがわかる知恵をください」とお願いしました。ソロモンは王様でしたから、いろいろ困ったことがあると、人々は相談に来ました。それで、ソロモンはその人たちに、良いこと、悪いことをはっきり教えてあげなければなりませんでした。神様はソロモンの答えをとても喜ばれました。ソロモンが、自分のために、お金とか長生きすることとかを、望まなかったからです。そして、皆が幸福になれるように「知恵」を願ったからでした。神様は知恵ばかりでなく、富と誉（ほま）れもソロモンに与えられました。

　「ソロモンの知恵」に関して、

礼拝するソロモン

有名な話があります。2人の女の人がソロモン王の所にやって来ました。この2人は同じ家で隣り合わせに住んでいました。2人は、3日違いで赤ちゃんを生みました。ところが1人のほうの赤ちゃんが急に死んでしまったので、そのお母さんは、夜中にこっそりと起き出して、隣の部屋の女の人の赤ちゃんと、死んでしまった自分の赤ちゃんとを、交換してしまったのです。それでこの2人の女性は「生きている赤ちゃんは、自分の赤ちゃんだ」と言って、言い争いました。聞いている人々には、どちらの女の人の言うことが正しいかさっぱり分かりません。

ソロモン王の裁判

　それを聞いていたソロモン王はいったいどうしたでしょう。ソロモン王は、「刀を持ってきなさい」と家来に命じました。ソロモン王は刀を持ってきた家来に「生きている赤ちゃんを、刀で二つに切って分けなさい。半分をこちらの女性に、あとの半分をあちらの女性に与えなさい」と命じました。するとどうでしょう。生きている子供の本当のお母さんはびっくりして、「ああ神様、生きている子をあの女に与えてください。どうか殺さないでください」と泣いて訴えました。でも、もうひとりの女の人は「その子をどうぞ二つに分けてください」と、言いました。さて、どちらが本当のお母さんでしょうか。ソロモン王は、すぐに分かりました。そして「生きている子を、初めの女に与えなさい。決して殺してはならない。その人が本当のお母さんなのだから」。イスラエルの人々は、この話を聞いて、神様がソロモンに知恵を与えてくださったことを知り、神様を賛美し、ソロモン王の素晴らしさに感動しました。そのうわさは周りの国々にも広まりました。

　神様は、ソロモンに多くの知恵と悟りを授け、また海べの砂のように広い心を授けられました。世界中から、ソロモンの知恵を見、そして聞くために人々が集まってきました。

ソロモンは、神の願いである神殿建設を成し遂げた

　いよいよ、ソロモン王は神殿造りを始めました。一番良い木材を運び、一番良い石材を掘り出し、20万人もの人々が一生懸命に働いて、7年間かけて造りあげました。神殿の中の至聖所には、イスラエルで一番大切にしてきた契約の箱を置

きました。その中にはモーセが神様から頂いた十戒が記された石板が2枚入っているのです。

さらに、13年かかって宮殿を造りました。王様が住み、王族が住み、そこで裁判がなされ、政治がなされていくのです。神殿と宮殿を造り上げるのに合わせて20年かかりました。ソロモン王は20年間をかけて、この時代における世界最高の建物を造り上げたのです。

ソロモン王が築いた神殿

神殿を中心として、イスラエルの民は絶えず神様を崇め、神様をたたえました。ソロモン王は、ダビデ王のすべてを受け継いで、神殿を建設しました。ダビデ、ソロモンの2代にわたる王様が神様の最大の願いであった、神殿を築き上げたのです。

神様に絶えず祈り求め、そして神を賛美し、神様の願いを果たそうと、信仰と知恵をもって一生懸命に頑張ったソロモンのことをよく知って、私たちも神様を喜ばせる者となっていきましょう。

22. 神の火を下したエリヤ

<聖句> 列王紀上 第18章39節
「民は皆見て、ひれ伏して言った、『主が神である。主が神である』」。
<ポイント>
①預言者(よげんしゃ)エリヤは、命懸けでバアルの預言者と対決し、神様が本当の神様であることを証(あか)した。
②いつでもどこでも私たちを愛してくださる神様のことを忘れないで、心の迷いを捨てて、神様を愛する者となる。
<聖書：列王紀上第16章～18章参照>

預言者エリヤは、偶像崇拝の間違いをアハブ王に示した

今日は、「神の火を下したエリヤ」のお話をしましょう。前の礼拝でソロモンのお話をしました。ソロモンは神様から知恵を頂き、イスラエルの民を正しく導きました。そして、神殿を造りました。ソロモンとイスラエルの民が神様を愛していた時は、皆仲良く楽しく暮らしていました。

ところが、ソロモンが神様を忘れて、イスラエルの民も偶像礼拝をするようになってくると、争いが起こるようになりました。偶像礼拝というのは、目に見えない真の神様ではなくて、人間や動物の像などを作って、それを神として礼拝することです。それで、とうとうイスラエルの国は北イスラエルと南ユダの二つに分かれてしまいました。今まで同じように神様を愛して仲良くしてきた兄弟姉妹だったのに、神様を忘れてケンカしてしまったので、神様の悲しみとなってしまいました。そこで、神様はもう一度イスラエルの民が、神様のもとに帰るために、預言者を送られました。今日は北イスラエルに神様が送られた預言者エリヤのお話です。

北イスラエルの王様はアハブといい、王妃をイゼベルといいました。アハブ王と王妃イゼベ

アハブ王の前に立つエリヤ

ルは、真の神様ではなくて、バアル神という偶像を拝んでいました。そこで預言者エリヤが現れ、アハブ王にバアル神が本当の神ではないことを訴えました。「神様の名によって申し上げます。この地には、これから2年以上雨が降らないでしょう。わたしが何か言うまで雨も降らず、露もおりません。それによって、本当の神様を知るでしょう」と、言いました。これを聞いたアハブ王と王妃イゼベルはかんかんに怒り、エリヤを殺してしまおうと思いました。

そこで、神様はエリヤにケリテ川のほとりに逃げていって、隠れているように言われました。エリヤは神様に言われたとおり、ケリテ川のほとりに住みました。すると、からすが朝と夕方になると、パンと肉を運んできました。エリヤはからすが運んできたパンと肉を食べ、川の水を飲んで生き延びました。しかし、雨が降らなかったので、川の水もかれてしまいました。

ケリテ川で生き延びるエリヤ

神様はエリヤを助けるために、ザレパテという所に行くように言われました。そこには神様を知らない国の人がいました。お母さんと1人の男の子が住んでいました。雨が降らない日が続いたので、食べ物も水も油もなくて、困っていました。エリヤはこの2人のために、お祈りをしてあげて、パンの粉と油がいつまでもなくならないようにしてあげました。その後、男の子が病気で死んでしまうという事件がありました。お母さんは、子供を愛していましたから、深く悲しみました。お母さんはエリヤに助けを求めました。エリヤは自分のベッドに男の子を寝かせて大声で神様にお祈りしました。「ああ神様、わたしがお世話になっている婦人の息子をどうして殺されるのですか？　どうか生き返らせてください。お願いです！」と必死になって祈りました。そして、エリヤは三度子供の体の上に自分の体をつけて、温めました。神様はエリヤの声を聞かれ、子供は生き返りました。お母さんはびっくりして、子供が生き返ったことを大喜びしました。お母さんは、エリヤに「神様がいらっしゃることが分かりました。あなたは神の人です。神様の言葉が本当だということが分かりました」と、言いました。神様を知らない人が、エリヤを見て神様を信じたのです。

信仰によってエリヤは神の火を下して、真の神を証した

さて、3年たったある日、神様がエリヤに「アハブの所に行きなさい。そうし

たらわたしは雨を降らせよう」と言われました。エリヤを見たアハブ王は「雨が降らなかったのはエリヤのせいだ！」と言って怒りました。しかし、エリヤはきっぱりと「あなたが真の神様から離れてバアル神に従ったからです。さあ、イスラエルの民とバアルとアシラの預言者850人をカルメル山に集めなさい。どちらの神が本当の神かはっきりさせましょう」と、言いました。カルメル山に集まったイスラエルの民に、エリヤは「あなたたちは、いつまで二つの神様の間で迷っているのですか。早く本当の神様を決めて、本当の神様を信じなさい。今日は、イスラエルの神とバアルの神のどちらが本当の神様なのかを知るために力くらべをします」と、言いました。

　それからエリヤは、バアルの預言者に「祭壇をつくりなさい。たきぎを置いて、その上に切り裂いた牛を載せなさい。火をつけてはいけません。バアルの名を呼んで、牛を焼く火をつけさせなさい。わたしはイスラエルの真の神の名を呼びましょう。火を下した神を本当の神としましょう」と、言いました。バアルの預言者たちは、朝から昼までバアルの名を呼んで祈りました。しかし、何の答えもなかったので、踊り狂うように祈ったり、自分の体を刀で傷つけたりして祈りました。とうとう、バアルの預言者たちはくたくたになって倒れてしまいました。

　今度はエリヤの番です。エリヤは12の石で祭壇をつくり直し、その上にたきぎをのせ、さらに牛を切り裂いて載せました。そして、祭壇の周りに溝を掘りました。その後、祭壇の上から三度水をかけました。エリヤは祈りました。「神様、わたしに答えてください。この民にあなたが神であることを知らせてください」。すると突然、天から火が下ってきました。燔祭(はんさい)として捧げた切り裂いた牛と、たきぎと石とちりとを、あっという間に焼き尽くし、溝の水までもなくなってしまいました。これを見ていた民たちはひれ伏して「主が神である。このお方こそ、本当の神様です！」と、叫びました。エリヤはすぐに850人のバアルとアシラの預言者を捕まえて、キション川で殺しました。その後、空がくもって、大雨になりました。完全に神様の勝利、エリヤの勝利でした。

　エリヤが神様を愛して、本当の神様を教えたように、私たちも、いつでもどこでも神様のことを忘れないで、神様を愛する子供になりましょう。

神の火を下すエリヤ

23. 預言者イザヤ

<聖句> イザヤ書 第9章6節
「ひとりのみどりごがわれわれのために生れた、ひとりの男の子がわれわれに与えられた」。
<ポイント>
①イザヤは、ヒゼキヤ王と共に、神様を愛して、南ユダの民を正しい方向に導いた偉大な預言者であった。
②イザヤは、イエス様が平和の君として来られることを預言した人である。
<聖書：イザヤ書第6章〜7章、36章〜37章参照>

イザヤは神に選ばれて、南ユダの預言者となった

今日は、「預言者イザヤ」のお話をしましょう。イスラエルの国が北イスラエルと南ユダの二つに分かれてしまっていたころのお話です。イザヤは南ユダに現れた最も素晴らしい預言者の1人でした。ユダの民が神様の元に返るために、神のみ言(ことば)を伝えただけでなく、イエス様が救い主としてお生まれになるという預言をした人でした。

イザヤは小さいころから聖書をよく読み、神殿に出掛けていって、神様にお仕えしていた祭司たちのお話を聞いたり、お祈りをよくしていました。イザヤは神様が大好きでした。そのころ南ユダは、ウジヤ王という王様が治めていました。

ウジヤ王が亡くなった年のある日、イザヤが神殿の中にいた時のことです。イザヤは神様の幻を見たのです。神様が高い所に座っていらっしゃいました。衣(着物)の裾(すそ)が神殿いっぱいに広がっていました。その上に天使が立っていて、天使には六つの翼があり、そのうちの二つで顔を隠し、二つで足を隠し、残りの二つで飛び回っていました。天使が「聖なるかな、聖なるかな、聖なるかな、万軍の神、全世界は神の栄光で

神様の幻をみたイザヤ

みちあふれている」と、互いに呼びかけていました。天使たちが呼び合っている声で、柱が揺れ動いて、神殿の中は煙でいっぱいになりました。イザヤは神様の幻を見てしまったので、大変なことになったと慌(あわ)てました。しかし、天使がやって来てイザヤの口に触れて「大丈夫です」と、言いました。すると、「ユダの民の前にだれをつかわそうか」という神様の声がしました。イザヤは「ここにわたしがおります。わたしをおつかわしください」と、言いました。こうしてイザヤは、預言者として神様から選ばれて、南ユダの民に神様のみ言(ことば)を宣べ伝えていくのでした。

　そのころ、世界で最も強かった国はアッシリヤ帝国でした。アッシリヤは小さい南ユダの国を滅ぼそうと考えていました。アッシリヤは神様を信じていない国でした。そんな国に神様を信じている南ユダが屈伏することができるでしょうか。南ユダの王様は、アハズという王になっていました。神様はアハズ王の元(もと)にイザヤを送りました。「静かにしていなさい。恐れることはありません。神様を信じていれば、神様が守ってくださいます」と、イザヤは神様の言葉を伝えました。ところがアハズ王は、神様の言うことをきかないで、北イスラエルとスリヤから攻められた時、アッシリヤの王に助けを求めてしまったのです。それで、たくさんの金銀をアッシリヤに支払わなければならなくなりました。

イザヤはヒゼキヤ王と一つになってアッシリヤから南ユダを守った

　その後しばらくたって、ヒゼキヤが王様になりました。ヒゼキヤ王は、真の神様を愛した素晴らしい王様でした。「高き所」といって、偶像礼拝をする時に供え物をした祭壇があったのですが、これが残っているがゆえに、いつまでも偶像礼拝が続いていました。それが神様の悲しみであると知ったヒゼキヤ王は、多くの反対を押し切って高き所を取り除いてしまったのです。それは神様の喜ぶところとなりました。ヒゼキヤ王は、預言者イザヤの言葉を大切にし、よく守りました。そして、南ユダの民を正しく神様のほうに導いていきました。

　いよいよアッシリヤが南ユダを自分のものにしようと、大軍を引き連れて、町の近くまでや

ヒゼキヤ王とイザヤ

って来ました。ヒゼキヤ王は、アッシリヤが静かに出ていってくれるように、金や銀を与えました。しかし、アッシリヤ軍は立ち去るどころか、早く降参しろと脅（おど）してきました。ヒゼキヤ王は、まっすぐに神殿に入り、神様にお祈りしました。そしてイザヤに、神様が助けてくださるよう祈ってくれるように頼みました。イザヤは神様にお祈りして「神様は、アッシリヤを恐れるなとおっしゃいます。神様は、アッシリヤの王があなた方に害を加える前に、自分の国に帰るようにしてくださいます」と言いました。これを聞いたヒゼキヤ王は、イザヤの言葉を信じました。そして、アッシリヤに降参（こうさん）しませんでした。

　するとアッシリヤの王が遣わした使者は「あなたの信じる神はあなたを助けたりしない」と言いました。ヒゼキヤ王は、また、すぐに神殿に入り「神様、どうぞ私たちを助けて、あなたが本当の神様だということを世界中の人にわからせてください」と祈りました。神様はイザヤを通して「アッシリヤの王は自分が神様より強いと自慢していますが、今にわかります。神様はエルサレムを守り、アッシリヤは何もせずに帰ることになります」と、言われました。本当に神様のおっしゃったとおりのことが起こりました。何と次の朝、18万5千人のアッシリヤ軍が死んでいたのです。それで、仕方なく残りのアッシリヤ軍は、何もせずに自分の国に帰っていきました。こうして、何よりも神様の言葉を信じたヒゼキヤ王と、預言者イザヤが一つになったので、南ユダは神様によって守られ、救われました。

イザヤはイエス様が平和の君として来られることを預言した

　その後もイザヤは神様の言葉を伝えました。「主なる神に帰れ」、「偶像礼拝をやめて真の神様に帰れ」と、必死に訴え続けました。そして、いつか必ずやって来る「神の国」の話をしました。今までダビデ王やヒゼキヤ王のように、立派な王様がいましたが、それ以上の王様がやって来るというのです。それがイエス様のことです。イスラエルが真の神様を忘れて、偶像礼拝に走ったために、二つの国に分かれてしまいましたが、神様を愛して仲良くすれば、本当の王様、イエス様がやって来られるといううれしい知らせを伝えたのです。このことを預言と言いますが、イザヤは

預言者イザヤ

実に、イエス様がお生まれになる約700年も前に、ダビデの家系から救い主がお生まれになるという預言をしました。

　イザヤは神様を愛して、イスラエルの民にイエス様が来られるという希望を与えた、素晴らしい預言者でした。皆さんもイザヤのように、神様を愛する人になりましょう。

24. ししの穴に投げ込まれたダニエル

<聖句> ダニエル書 第6章22節
「わたしの神はその使をおくって、ししの口を閉ざされたので、ししはわたしを害しませんでした」。
<ポイント>
①異邦人の中で、真(まこと)の神を証(あか)したダニエルの信仰を学ぶ。
②神様はいつも見ていらっしゃることを知り、正しいことを行い、神様を礼拝する心を養う。
<聖書:ダニエル書第1章～6章参照>

ダニエルは、神様から夢を解く特別な力を与えられた

今日は、「ししの穴に投げ込まれたダニエル」のお話をしましょう。ししというのはライオンのことです。ダニエルは、神様を愛した預言者でした。そして、国を治める仕事をした政治家でもありました。南ユダはバビロニヤ帝国に滅ぼされて、民はバビロンという所に連れられて行ってしまい、ユダの国には貧しい人々しか残りませんでした。ダニエルも少年の時にバビロンに連れていかれました。

バビロニヤ帝国のネブカデネザル王は、南ユダの人々の中から、賢くて、健康そうな少年たちを選びました。その中にダニエルと3人の友達がいて、年齢は14歳か15歳くらいでした。ネブカデネザル王は、バビロンの地の学問と言葉を教えました。王様は、自分が食べているごちそうを毎日4人に与えるように言いました。そのごちそうは、偶像にささげた肉やお酒でした。4人は神様を信じ愛していましたから、そのようなごちそうを食べれば、自分の心も体も汚(けが)れてしまうと思い、野菜と水だけで過ごしました。10日間たって、王様と同じごちそうを食べた若者たちとダニエル

野菜だけを食べるダニエルと少年たち

たちを比べてみると、ダニエルたちのほうが顔色も良く、体も太って姿も立派になりました。

　それから3年間、ダニエルたちは一生懸命に勉強しました。神様は、ダニエルたちが神様を愛して頑張ったので、健康だけでなく、知恵も与えてくださいました。それで、バビロンの中にいる博士たちよりも、何十倍も立派になりました。王様は、ダニエルが一番気に入って、国の大事な仕事を任せました。また、ダニエルは、夢を解く特別な力を神様から与えられました。

　ある時、バビロンのネブカデネザル王が夢を見ましたが、だれも解くことができませんでした。王様はかんかんに怒って「解けなければ、博士や占い師たち、その家族を滅ぼしてしまう」と言いました。これを聞いたダニエルは、神様に祈り、王様の前に堂々と立ちました。「王様、この夢を解くことができるのは、神様だけです」と言って、夢を解き始めました。王様が見た夢は大きな人間の体の像で、頭が金、胸と腕は銀、腹とももは青銅、足のすねは鉄、足は鉄と粘土でできていました。一つの石が出てきて足を撃つと、その人間の像は崩れてしまい、残ったのは石だけで、それは大きな山となって全地に広がっていきました。

夢を解くダニエル

　大きな人間の体の像は国を表しており、特に頭の金はバビロニヤ帝国のことでした。どんなに強そうに見えても長くは続かないということです。石というのは神の国のことで、あの石のように大きくなって決して絶えることのない神の国を、神様は造られるということです。この話を聞いて、王様は自分よりも偉大な神様を知って、ダニエルの信じている神様に屈伏しました。

どんな逆境(ぎゃくきょう)の中でも、神を愛する心を貫(つらぬ)いたダニエルであった

　その後、ペルシャ帝国のダリヨス王によってバビロニヤ帝国は滅ぼされました。王様は、総督(そうとく)という人たちを120人選んで国を治めさせました。その上に3人の総監(そうかん)という人たちがいて、その中の1人がダニエルでした。ダリヨス王は、3人の総監のうちダニエルに一番大切なお仕事をさせようとしました。それを見て2人の総監と120人の総督たちは、ダニエルの悪いところを見つけ出して国を治め

られないようにしようと考えました。けれどもダニエルは、神様がいつも見ていらっしゃると思って正しく生きていましたので、何一つ悪いところがありませんでした。そこで「ダニエルが神を礼拝することについて訴えるしかない」と、話し合いました。

ダリヨス王と3人の総監たち

そこで、皆集まってダリヨス王の前に行きました。「王様、今から30日間、どんな願いごとでも王様以外の人や神に願い求めたり、祈ったりしてはいけない、もし、おきてを破ったらライオンの穴に投げ込まれるというおきてをつくってください」と、お願いしました。ダリヨス王は、王様の印を押しました。ダニエルは家に帰り、今までと同じように一日に三度、ひざまずいて神様にお祈りし、感謝しました。その時、人々が集まって来て、ダニエルが神に祈り、願いごとをしているのを見ました。それを見た人々は、すぐに王様の所に行き「王様、南ユダの捕虜であるダニエルは、王様がつくられたおきてを破って一日に三度も神様にお祈りしています」と言いました。王様はびっくりしました。王様は「ああ、何ということをしてしまったのだろう」と後悔し、何とかしてダニエルを救おうと思いましたが、おきてを破ることができず、仕方なくダニエルをライオンの穴の中に投げ入れるよう命令しました。王様は、「どうか、あなたが愛している神様があなたを救ってくださるように」と、励ましました。ダニエルは、ライオンがいる穴の中に投げ入れられました。

王様は宮殿に帰ってからも、ダニエルのことが心配で食事もせず、朝まで起きていて、ライオンの穴に急いで行きました。「神様を愛しているダニエルよ。あなたの神はライオンからあなたを救ってくださったか？」と、呼びかけました。するとダニエルが「王様、神様はライオンが

ダニエルとおとなしくなったライオン

わたしを食べないように、天使を送ってライオンの口を閉じてくださいました」と、答えました。王様はとても喜んで、ダニエルを穴の中から出しました。これは、ダニエルが深く神様を信じ、愛していたからです。その後、ダニエルを陥れた人たちを家族と一緒に穴の中に投げ入れました。王様は、全国の人々に神様がいらっしゃることを話し、これから皆、真の神様を信じ愛するように命令を出しました。

　神様を信じない人々の中で、ダニエルは真の神様がいらっしゃることをはっきりと教えた預言者でした。皆さんもダニエルのように、神様がいつも見ていらっしゃることを知り、神様の前に正しいことを行い、神様を礼拝する者となりましょう。

25. ヨ ナ

<聖句> ヨナ書 第4章11節
「ましてわたしは12万あまりの、右左をわきまえない人々と、あまたの家畜とのいるこの大きな町ニネベを、惜しまないでいられようか」。
<ポイント>
　神様は、滅びを望まれるのではなく、救いを望まれる親なる神であることを知る。
<聖書：ヨナ書第1章〜3章参照>

神様は、ニネベの町の救いのためにヨナを送られた

　今日は、「預言者ヨナ」のお話をしましょう。イスラエルの国が二つに分かれてアッシリヤという国が北イスラエル王国を滅ぼそうとしていたころのお話です。
　アッシリヤの首都はニネベという町でした。神様はニネベの町の人たちがあまりにも悪いことをするので、滅ぼしてしまおうと思いました。そこで、預言者のヨナを呼んで、「早く悪いことをやめなければ、滅ぼしてしまう、ということを伝えなさい」と言われました。しかし、ヨナは自分の国イスラエルを滅ぼそうとしている国、アッシリヤを助けるために、その首都ニネベに行くなんて、そんなことはできないと思って、神様の願いを聞かず、タルシシという町に逃れようとしました。神様はどの国の人々も等しく愛しておられたので、神様を知らない人々でも、悪いことをして滅びていくのを、親として見ているのはつらかったのです。しかし、ヨナは神様の願いが分からず、とうとうヨッパという港からタルシシ行きの船に乗ってしまったのです。
　ところが、ヨナの乗った船が急に嵐に遭(あ)いました。船乗りたちは、それぞれ自分たちの信じている神様を呼び求め、船を軽くするために、船の中の荷物を海に投げ捨てました。しかし、ヨナは船底に入り、ぐっすり眠

タルシシ行きの船に乗るヨナ

っていました。そこで、船長が来て言いました。「あなたはどうして眠っているのですか？ 起きて神様に祈りなさい。もしかしたら神様が助けてくださるかもしれません」。やがて船乗りたちはだれのせいで、こんな嵐になっているのか知るために、くじを引いてみようと相談しました。皆でくじを引いたところ、ヨナに当たってしまいました。「どうしてこのような嵐がおこったのか？」、「あなたはどんな仕事をしているのか？」、「国は？」、「どこの民か？」と、皆が聞きました。「わたしはイスラエル人です。わたしはイスラエルの神様を信じているものです」と、ヨナは言いました。そして、なぜこの船に乗ったのか正直に訳を話しました。

　海がますます荒れてきたので、どうしたら良いだろうとヨナに聞くと「わたしを海に投げ入れなさい。そうしたらあなたがたのために海は静まるでしょう。この嵐はわたしのせいです」と、ヨナは言いました。船乗りたちは、何とかヨナを海に投げ込まなくても済むように、やってみようとしたのですが、嵐はもっともっと強くなってきたので、仕方なくヨナを海に投げ入れました。すると嵐がやみました。そこで、人々は神様がいらっしゃるということを知って、供え物をささげてお祈りしました。

　さて、ヨナはどうなったのでしょうか。ヨナは大きな魚に飲み込まれて、おなかの中で生きていました。ヨナはそこでお祈りしました。「これから、神様のおいいつけを守りますからお許しください」と。神様はヨナの祈りを聞かれ、3日たつと、魚の口から出してくださいました。もう一度ニネベに行って、

大きい魚のおなかから吐き出されたヨナ

「40日たったらニネベは滅びる」と、知らせるように話されました。ヨナはもう逃げないで、愛と勇気をもってニネベに行きました。ニネベの町はとても大きな町でした。一日街を歩いて、大きな声で神のみ言を伝えました。「40日たったらニネベは滅びますよ。悪いことはやめましょう！」王様にまでこのうわさが伝わり、王様は自分自ら悪いことを悔い改め、王の立派な服を脱ぎ、汚れた服に着替え、ニネベ中に「何も食べてはならない。飲んではならない。ひたすら皆で神様に祈り、悪かったことを悔い改めよう。そうすれば、神様は滅ぼさないでくださるかもしれない」と、言いました。

神様は、滅びを望むのではなく救いを望まれる親なる神である

　こうして、ニネベの人たちが悪いことをやめたので、神様はニネベを滅ぼすのをやめました。ところが、ヨナはどうでしょう。ヨナは町の人たちに40日たったら滅びると伝えたのに、そうならなかったので落胆して怒りました。「神様は滅ぼすというのに、滅ぼさなかった。それならば、なぜわたしをおつかわしになったのですか」。神様は「あなたの怒ることは良いことだろうか」と、おっしゃいました。

　そこで、ヨナは町がどうなるか、小屋を作ってその中から見ていました。暑かったので、神様はとうごまを育て、小屋の所に日陰を作ってくださいました。ところが、翌日はそのとうごまが枯れてしまったので、太陽が出た時に暑くて、ヨナは弱り果て「生きるより死んだほうがましだ」と、怒りました。すると神様は「あなたは一本のとうごまが枯れたことさえそんなに悲しんでいます。それならば、自分たちの悪かったことが分かって、心から良くなろうとしているニネベの町の人たちを滅ぼしたら、どんなに悲しいか分かるでしょう」と、おっしゃいました。そこで、ヨナはやっと神様の親の心が分かり、神様に悪かった、間違っていましたと謝りました。悪を絶対に許さない神様ですが、心から悔い改めれば救いの手をさしのべられる愛の神様であることを今日は学びました。

26. ヨシヤ王

<聖句> 列王紀下 第22章2節
「ヨシヤは主の目にかなう事を行い、先祖ダビデの道に歩んで右にも左にも曲らなかった」。

<ポイント>
①ヨシヤ王はダビデ王の血統で、神様を愛し、正しい道を歩んだ王様である。
②偶像崇拝(ぐうぞうすうはい)の間違いを知り、神様を愛する者となる。

<聖書:列王紀下第22章〜24章参照>

ヨシヤ王は神様を愛した善王であった

　北イスラエルの国にはたくさんの王様が次から次へと立ちました。しかし、ほとんどの王様は神様を忘れ、預言者までもいじめ、捕まえたりしてきました。また、南ユダの国もそういう中で、神様はユダの国をあきらめ、滅ぼすことを決めていたのでした。

　そんな時に生まれたのがヨシヤ王でした。ヨシヤ王は8歳で王様になりました。ヨシヤ王はダビデ王の血統だったので、ユダの国の人々はとても喜び、この小さな王様を守ろうと一生懸命になったのでした。ヨシヤ王は、今までの王様と違って、神様に祈り、正しいことを行った人でした。ダビデ王のように、神様に祈りをささげ、神様の力によって国を守っていきました。

　ヨシヤ王は、まず壊れた神殿を修理することから始めました。今まで民は偶像崇拝をしてきたので、神殿は荒れ果てていました。ヨシヤ王は王様でしたが、人々が働くのを見て、自分も一緒になって指揮(しき)をしながら働きました。神殿の修理を始めた時、大祭司ヒルキヤという人がすみのほうに古びた本を見つけました。それはモーセの「律法(りっぽう)の書」でした。ヨシヤ王の時代の約800年前に神様が人間に与えてくださったみ言(ことば)です。モーセは、7年間に一回はこの本を取り出して、皆に読んであげなさい、と言い残して死んでいきました。ところが、何年かたつうちに、忘れられてしまいました。こんな大事なことを忘れてしまったものですから、人々は神様の律法を破り、神様を忘れてしまったのでした。ヨシヤ王もこの律法の書が読まれるのを聞いたことがありませんでした。

　そして、この律法を初めて聞いて、びっくりしてしまいました。こんなことが書いてあったのです。「もし、この本に書いてあることを全部守らなかったら、

神様は皆に苦しみを増やされる。あなた方が神様を忘れ、捨てたので、神様はあなた方に災いを下される。神様はあなた方と王様をまだ見たことのない国に送り、あなた方は、木や石の他の神に仕えなければならない。あなた方が滅ぶまで、その罰を受けなければならない」。ヨシヤ王は、この神様の言葉を聞いた時、そして今、このユダの国の民たちが「神様がしてはいけません」と言ったことをしていることを知った時、気が狂いそうでした。「ああ、私たちはいったい何ということをしてきたのだ。神様の悲しむことばかり、神様の怒られることばかりしてきたのではないか」。ヨシヤ王は悲しみのあまり、着物を裂いてしまうほどでした。

ヨシヤ王は偶像を取り壊した

ヨシヤ王は涙を流して、泣きながら、今まで神様を悲しませてきたことを悔い改めました。ヨシヤ王は、預言者に尋ね求めました。預言者はヨシヤ王に言いました。神様は、本に書いてあったように、災いを下されます。それは、人々が真の神様を捨てて、他の神を拝んできたからです。しかし、ヨシヤ王がこの預言を聞いた時、神様の前に悔い改め、悲しんで、泣いておわびをしたので、神様はヨシヤ王の心を知りました。「ヨシヤ王の時代には災いはありません。神様はヨシヤ王が死ぬまでは罰することをしないでしょう」。

ヨシヤ王は、子供から、おじいさん、おばあさんまで、国中の人々を集めました。そして、宮で見つかった本、律法を読んで聞かせました。そして、神様を信じ、神様の言うことを守ることを約束したのです。それから、ヨシヤ王は、国中の偶像を取り壊しにかかりました。バアルやアシラ、日や月などのために作られた器等を焼きました。トペテという所は恐ろしい所で、偶像モレクの腕に赤ん坊を抱かせて、焼き殺していた所でした。ヨシヤ王は、だれも二度とここにモレクを礼拝しに来ないように、この谷をゴミで埋め尽くしました。

また、エルサレムの向こうのオリブ山には、ソロモン王が偶像崇拝していた人たちのために作った祭壇が、まだいくつか残っていました。この古い偶像を壊し、祭壇では、死んだ人々

偶像を焼き払うヨシヤ王

の骨を焼いて、だれも二度とそこでいけにえをささげないようにしました。ベテルにも行きました。300年前、悪王ヤラベアムが建てた金の子牛が一頭ありましたが、それも焼きました。ユダの国の王様が皆、ヨシヤ王のような王様だったら、偶像を礼拝することなどなかったでしょう。

　ヨシヤ王は自分がダビデ王の血統であることを誇りとしていました。そして、神様のみ言(ことば)を守り、本当の神様を伝えた人でした。私たちもダビデ王やヨシヤ王のように、本当の神様を知り、神様のみ言(ことば)を守り、神様の前に正しいことを行う人になっていきましょう。

27. エステル王妃

<聖句> エステル記 第8章6節
「どうしてわたしは、わたしの民に臨もうとする災を、だまって見ていることができましょうか」。
<ポイント>
エステル王妃は、ユダヤ民族を救うために、生命(いのち)懸けで王様にユダヤ人の正義を訴えた。
<聖書:エステル記第1章〜10章参照>

ユダヤ人のエステルがペルシャの王妃となった

イスラエル民族は、神様を信じる心を忘れたので、神様が罰を下されました。どうされたかというと、イスラエル民族は、強いバビロンという国に連れていかれました。そして、そこで奴隷として働くようになったのです。しかし、神様がいつまでも許されなかったのではなく、70年たったら許すと言われました。

それから70年たつと、バビロンはもっと強いペルシャという国に滅ぼされてしまいました。それで、イスラエルの人たちは、また自分の国に戻って、神様の神殿を建ててもよいと言われ、自由になりました。その時、たくさんの人たちがイスラエルの荒れた国に戻りました。しかし、まだペルシャに残っているイスラエル人もいました。

イスラエル人のことをユダヤ人ともいいます。その時、ペルシャの王様は、アハシュエロス王という名前でした。アハシュエロスは王妃を決めるために、国中の美しい女の人たちを集めました。そして、その中の1人を選んで王妃にすることにしました。その中から選ばれたのが、ユダヤ人のエステルという人でした。エステルは心も清く、姿も美しい人でした。すでにお父さんとお母さんは死んでしまっていたので、お

王妃に選ばれたエステル

じさんのモルデカイがエステルを育ててくれました。エステルが宮殿に行く時、自分がユダヤ人であることを言わないようにとモルデカイはエステルに言いました。

エステルは王様の妃になって、立派な宮殿に住み、きれいな着物を着て、毎日幸福に暮らしていましたが、おじさんのモルデカイの言うことだけはいつも守りました。

モルデカイは、毎日王様のいる所の門にいて、宮殿を守る仕事をしていました。王様のけらいで、王様の次に偉いハマンという人がいましたが、そのハマンという人はモルデカイが大嫌いでした。どうしてかというと、ハマンが通る時、他の家来はひざまずいて敬礼をするのですが、モルデカイだけは敬礼しなかったからです。モルデカイはイスラエル人だったので、だれよりも神様を信じていました。神様以外の人を拝んではいけないということを、ずっと守ってきたからです。ハマンはいつもそこを通るたびに、モルデカイを見ながら、なんとか殺してやろうと思いました。そこで、モルデカイがユダヤ人であることを知ったハマンは良いことを思いつきました。ユダヤ人たちは、神様を信じていて、王様の法律を守らないということを王様に訴えることにしました。そして、ユダヤ人たちを皆殺しにしてしまおうと計画したのです。ユダヤ人全部を殺せば、モルデカイも殺すことができます。

敬礼をしないモルデカイを嫌うハマン

王妃エステルの信仰によってユダヤ人は救われた

さて、王様はハマンからユダヤ人が王様の言うことを守らないということを聞いて、大変怒りました。そして、ユダヤ人を12月13日に殺しても良いと、国中に知らせました。さぁ大変なことになりました。モルデカイはこの命令の紙を見て、嘆き悲しみ、着ていた着物を裂いて、体中に灰をかぶり、宮殿の門の所に座り込んでしまいました。エステルは、家来たちからそのことを聞いてとても驚き、その訳を聞きにいきました。モルデカイは、エステルに王様の命令の紙を見せて、（そこから王様の所に行って）ユダヤ人を殺さないように王様に頼んでもらいたいと話しました。しかし、王様から呼ばれもしないのに、王様のいるところに行

くようなことがあれば、だれでも殺されるという決まりがあるので、たとえお妃様でも勝手に王様の前に行くことはできません。それで、エステルはモルデカイに王様の元には行けないことを話しました。しかし、一つだけ助かる方法がありました。それは、王様が特別にお妃様に金の笏を差し出して、許してくれれば助かることができるのでした。

　モルデカイは「あなたもユダヤ人であるから、王宮にいたとしても殺されるに違いない。こういう時のために、危機にさらされたユダヤ人を助けるために、神様がエステルを王妃として選ばれたのだ」と、強く言いました。そこで、エステルは決意しました。「すべてのユダヤ人を集めて、わたしのために断食してください。3日間、夜も昼も飲んだり食べたりしてはいけません。わたしも断食しましょう。そしてわたしは、律法の決まりを破っても、王様の元へ行きます。わたしが死ななければならないのなら死にます」。

　いよいよ3日めにエステルは王様の元に行きました。エステルの姿を見た王様は金の笏を伸ばして、エステルを迎えました。それで、エステルは殺されずに済みました。王様はエステルの願いを聞き届けてくださいました。エステルは王様とハマンを食事に招いて、そこでハマンがユダヤ人を殺そうとしていることを王様に話しました。王様は悪人ハマンを処刑し、ユダヤ人は救われました。アハシュエロス王は、その後モルデカイを大きい仕事に就かせました。

　エステルがユダヤ人として、神様を愛し、ユダヤ人を誇りに思って、神様のために行動したので、ユダヤ人は救われたのでした。

エステル王妃に金の笏をのべる王様

28. ネ　ヘ　ミ　ヤ

<聖句>　ネヘミヤ記　第2章5節
「どうかわたしを、ユダにあるわたしの先祖の墳墓(ふんぼ)の町につかわして、それを再建させてください」。
<ポイント>
　①ネヘミヤは、勇気と決断の人であった。
　②ネヘミヤは神様を愛し、信じて、エルサレムの城壁(じょうへき)の再建(さいけん)を成し遂げた人である。
<聖書：ネヘミヤ記第1章〜13章参照>

ネヘミヤは勇気をもって、エルサレムの城壁再建(じょうへきさいけん)に立ち上がった

　神様の怒りに触れ、バビロンという国で苦しい生活をしていたユダヤの国の人々は、70年が過ぎると許されて自分の国に戻っていきました。しかし、バビロンの国を破ったペルシャの国に残るユダヤ人もいました。前にお話ししたエステル王妃、モルデカイもそうでした。今日は同じようにペルシャに残ったユダヤ人、ネヘミヤという人のお話をしましょう。

　ネヘミヤは、ペルシャ王アルタシャスタ王の給仕役でした。王様にとても信頼されていた立派な人でした。ある日、ネヘミヤがとても悲しそうな顔をしているので、王様が「あなたは病気ではないのにどうして悲しげな顔をしているのか。何か心に悲しみがあるのではないか」と、聞かれました。ネヘミヤは「わたしの先祖の町ユダの国、エルサレムはバビロンとの戦いで敗れたままで、城壁は崩(くず)れ、門は火で焼かれ、町はひどく壊(こわ)されているのです。王様、どうかわたしにエルサレムの町を再建させてください」と、頼みました。王様はすぐにその願いを聞いてくれました。

　ネヘミヤは、12年間エルサレムの町に行くことになりました。そして、ペルシャの王様に、無事に

王の給仕をするネヘミヤ

エルサレムに着くように、強い兵隊をつけてもらったり、他の国の人が乱暴をしないようにと、手紙を書いてもらったり、家を建てるための木材も頂いて、エルサレムに行きました。

エルサレムに着くと、町は聞いていたとおり、がれきの山のようでした。立派な神殿はありましたが、それを守る城壁がないのです。これでは攻められたら、すぐに滅んでしまいます。3日間町を調べた後、人々に神様が共にあることを知らせると、皆勇気を奮い起こして、城壁を造り始めました。ネヘミヤは王様から総督という地位を与えられ、人々を指導していきました。

ところが、異邦人サンバラテとトビヤは城壁ができるのが面白くありません。彼らは神様を信じない者たちです。「この弱々しいユダヤ人、何をしているのか」、「そんな焦げた石をまた高く積んでも狐一匹でも登れば崩れるだろう」と、あざけり笑いました。しかし、石垣は、皆連なって半分まででき上がりました。皆の心が一つになり、心を込めて一生懸命に造ったからです。

こうなると面白くないのは、意地悪な異邦人サンバラテとトビヤです。エルサレムに入り込み、彼らを殺して工事をやめさせようと考えました。そこで、ネヘミヤはユダヤ人に剣、槍、弓を持たせ「神様が我々と共にいる。兄弟、息子、娘、妻、家のために雄々しく戦いなさい」と、言いました。敵は、このユダヤ人が神様と共にいて、とても強いことを知って、勝ち目がないと思い、引き下がっていきました。しかし、まだ安心できません。その日から半分の人は城壁を造り、半分の人は弓、槍を持って武装しました。石を積む人や運ぶ人は、片手で工事をして、片手に武器を持っていつでも戦えるようにしましたし、広く広がっている人もラッパの音を聞いたら、一つの所に集まり、神様と共に敵と戦う約束をしました。夜も見張りを立てました。

異邦人の迫害の中で工事をするユダヤ人

ネヘミヤと民は神様を中心に一つになって城壁を再建した

ほとんど城壁ができた時、敵は他の方法で邪魔をしてきました。「一つの村で会見しましょう」と。ネヘミヤは「どうして工事をやめて、あなたがたの所に行

けるのですか？」と、断りました。それでも、同じことをしつこく四度も言ってきました。それでだめだと知った敵は、五度めに手紙をよこしました。「ユダヤ人のあなたたちは、反乱を計画している。ペルシャの国の王を差し置いて、ユダの国にも王を立てようとしている。ペルシャの王がこれを聞いたら大変ですよ。相談にのってあげましょう」。しかし、ネヘミヤは、はっきりこう言いました。「あなたたちの言うようなことはしていません。あなたたちの悪い心が作ったお話にすぎません」。

エルサレムの城壁を再建するユダヤ人

　ネヘミヤは神様に祈りました。「敵はウソを並べたてて、おどし、何とか城壁を造らせまいとしています。どうぞ、神様、今私の手を強めてください」。このように、どんなおどしをされても、ネヘミヤと仲間のユダヤ人の強い心は変わりませんでした。とうとう52日間で城壁が出来上がりました。敵は恐れました。ネヘミヤと共に神様がいると知ったからです。

　次に、ネヘミヤは、家系を調べて、神様が選んだ本当のユダヤ人だけで、神殿の仕事をするようにしました。それから、本当の神様の民、ユダヤ人になるために、モーセの時に頂いた律法を皆の前で祭司エズラに読ませ、民に聞かせました。人々は朝も昼も熱心に律法の書（神のみ言(ことば)）の話を聞き、泣きました。神様から離れていた心がだんだん神様に近づいてきました。7日間律法の話を聞いて、8日めに聖会を開き、神様が共にいることを感じ、もう絶対に神様から離れない強い心をもつことを誓いました。

　ネヘミヤはエルサレムを造り直すのに、12年間、なんとお金ももらわずに、一生懸命に愛の心をもって働きました。神様の選んだユダヤ人をみごとに神様の元に戻し、一つにしたのです。

29. マ ラ キ

<聖句> マラキ書 第4章5節
「見よ、主の大いなる恐るべき日が来る前に、わたしは預言者エリヤをあなたがたにつかわす。彼は父の心をその子供たちに向けさせ、子供たちの心をその父に向けさせる」。
<ポイント>
マラキは、ユダヤの地に遣(つか)わされた旧約時代最後の預言者で、主の大いなる日(キリスト降臨(こうりん)の日)が来ることを預言した。
<聖書:マラキ書第1章〜4章参照>

神様は心のこもった供え物を喜ばれることを知る

　前の礼拝はネヘミヤのお話でしたね。ネヘミヤは、エルサレムの町を建て直した人でした。エルサレムの町が出来上がると、今度はユダヤ民族だけが住むようになり、モーセの律法を皆で学ぶようになりました。
　ユダヤの人々は律法を学んでいる時は「そうだ、そうだ、神様を大切にしよう」と思いました。しかし、神殿から家に戻ると、悪い心が起こって、神様のことよりも自分のことを先に考えたりすることが多くなってきたのです。
　たとえば、礼拝の時など、昔は、羊や牛を祭壇に供えて神様にお祈りしました。皆さんだったら、たくさんいる羊や牛の中で、神様におささげする時に、一番良い物をささげますか？　それとも悪い物をささげますか？　そうですね。良い物をささげますね。もらうほうも、やはり良い物をもらったほうがうれしいです。神様も心のこもった良い供え物を喜ばれました。
　ところが、ユダヤ人たちの中には、祭壇に悪い物をささげる人たちもいました。目の見えない羊とか、病気の牛とかをささげたりしたのです。これでは、いくら「神様を愛しています」と言っても、本当に心の中では、そうは思っていないということです。こういう人たちがあまりにもたくさん出てきたので、神様はとても悲しまれました。
　そんな時、マラキという預言者が現れました。マラキは神様を一番愛し、いつもお祈りをする人だったので、神様はマラキを通して、ユダヤ人にお話ししました。まず、神様が一番怒ったことは、神様のことを教えるはずの祭司が悪いことをたくさん教えたことでした。それから、うそをつくこと、友達をいじめること、人

の物を盗むことなどは絶対に許さないと、神様は言われました。

マラキは、400年後に、神様が救い主を送ってくださることを預言した

もし悪いことをしていると、神様が救い主を送られたその時には、悪いことをしていた人たちは、わらのように焼き尽くされ、根も枝もなくなってしまうと言われました。神様との約束を守った人にとっては、その日は今までで一番うれしい日となり、子羊が外に出て遊び回るように、心から喜ぶ日になるのです。そして、神様を愛し、正しかった人たちは、今まで威張って悪いことをしていた人たちを踏みつぶし、灰のようにしてしまうでしょう。今までずっと威張って、神様の邪魔をしてきたサタンは、完全に滅びてしまい、神様の国、天国ができるのです。

預言者マラキ

皆さんだったら、どちらが良いですか？　神様を信じて、約束を守ることのできる子供になって、天国に住むのと、サタンの言うことを聞いて、悪いことをして威張り、今は強くても後で悲しむのとでは、どちらがいいでしょう。

マラキは、全部のユダヤ人に神様からのこれらの言葉を一生懸命に伝えました。

それから400年たつと、神様は約束どおり、救い主を送ってくださいました。その方が皆さんのよく知っているイエス様でした。マラキは、聖書に現れた最後の預言者でした。そして、神様がマラキを通して話してくださったことは、今も変わりません。

私たちも神様との約束を守り、一番大切な物を神様にささげることのできる心をもって、毎日頑張りましょう。神様はいつも見ていてくださいます。

30. イエス様の誕生

<聖句> ルカによる福音書 第1章31節
「見よ、あなたはみごもって男の子を産むでしょう。その子をイエスと名づけなさい」。

<ポイント>
①イエス様が地上に神の子として誕生できたのは、マリヤの生命(いのち)懸けの信仰があったからである。
②イエス様の誕生は、神様と人類が待ち望んだ救い主の誕生であった。

<聖書：マタイによる福音書1章～2章、ルカによる福音書1～2章参照>

マリヤの生命(いのち)懸けの信仰でイエス様が神の子として誕生した

今日は、「イエス様の誕生」のお話をしましょう。今までは旧約聖書のお話をしてきましたが、今日から新約聖書のお話です。旧約聖書は、神様とイスラエル民族との約束を中心としたお話で、新約聖書はイエス様のお話です。

皆さんはイザヤという預言者を覚えていますか？ イエス様が救い主として、王様としてお生まれになるということを預言した預言者でした。そのイザヤの預言がいよいよ実現する時が来たのです。

最初の人間であるアダムとエバが神様との約束を破ったので、人間の心にサタンが入り、神様が人間の親であるということが分からなくなってしまいました。それで神様の国ができませんでした。神様の願いは、神の国を造ることでした。そのためには、サタンと戦って勝つことのできる神の子が生まれなければなりませんでした。神の子は、全く罪がない清い心をもった人です。その神の子が生まれることを、神様も人類も皆待ち望んできました。イスラエルの王様の中で、最も神様の願いの中で生きたダビデ王の子孫から、いつか救い主が生まれるという神様の約束が、ずっと伝えられてきたのです。

そのころ、イスラエルの国はユダヤと言っていました。ローマ人に占領されていて、ユダヤ人の生活はとても苦しかったので、人々は救い主の誕生を、今か今かと待っていました。

さて、神様は神の子をどこに誕生させられたでしょうか？ それは、ナザレという町でした。そこに、マリヤという心の美しい女の人がいました。マリヤは、ダビデ王の子孫であるヨセフという人と結婚の約束をしていました。

ある日、神様の御使(みつかい)である天使ガブリエルがマリヤの所にやって来て「おお、幸せなむすめよ、おめでとう。神様があなたと共におられます」と、言いました。マリヤはびっくりしました。天使ガブリエルは「恐れることはありません。マリヤよ、神様があなたに素晴らしい恵みをくださいます。あなたは男の子を生むでしょう。その子の名前をイエスと名付けなさい。その子は神の子であり、王様となるでしょう」と、言いました。マリヤはその言葉を受け止めて「わたしは神様を愛しています。神様がおっしゃるとおりにいたします」と、答えました。

天使ガブリエルのおつげを受けるマリヤ

　これは大変なことでした。神の子を生むということは今までになかったことです。それを邪魔しようとするのはサタンでした。だから、生命懸けで、生まれてくる子を守らなければなりません。もし、ここで神の子が生まれなかったならば、神様の願いである神の国ができないのです。マリヤはそのことをよく知っていました。何としてもサタンに奪われないように、神の子を生む決意をしました。そして、ヨセフも同じように神の子が生まれるまで、マリヤを守ってくれたのです。

イエス様は神の子、王の王としてお生まれになった
　そのころ、ローマの国の皇帝の命令で、ユダヤ人は先祖の町へ帰って役所に名前を届けることになりました。マリヤとヨセフも、ダビデ王の生まれた町ベツレヘムに向かって出発しました。国中どこもかしこも旅行する人がいっぱいで、ベツレヘムに着いても泊めてくれる宿はありません。2人は仕方なく、町はずれの馬小屋に泊まることにしました。その夜のことです。神様と人類の待ち望んだ、神の子イエス様がお

ベツレヘムに向かうヨセフとマリヤ

生まれになりました。

　イエス様の誕生を待ち望んでいたのは、ユダヤ人だけではなく、遠い国の人々も同じでした。東のほうに星のことを研究している3人の博士たちがいました。星の動きを見て、これから起こる出来事が分かりました。特別に輝いている星が出たら、偉大な王様がお生まれになるという昔からの言い伝えがありました。それがちょうど、イエス様がお生まれになった時に、言い伝えの輝く星を見つけたのでした。早速、3人の博士たちは、王様に贈るプレゼントを用意して、旅の支度をしました。

　そのころのユダヤの王様はヘロデ王でした。3人の博士たちはヘロデ王の所にやって来て「ユダヤ人の王としてお生まれになった方はどこにおられますか？私たちはその方を拝みにきました」と、言いました。それを聞いたヘロデ王は驚いて、これは大変なことになったと思いました。今、自分がユダヤの王なのに、新しい王様が生まれたということは、王の位を奪われてしまうことになるのではないかと、心配しました。それで、ヘロデ王は博士たちに「その子が見つかったらわたしにも知らせてほしい。拝みにいくから」と、言いました。しかし、ヘロデ王は、その子を殺してしまおうと考えていたのです。

　博士たちは、特別にキラキラ輝く星が進んでいくのを見ながら、後を付いていきました。そして、星が止まった所に行ってみました。博士たちは、今まで待ち望んできた救い主にお会いできるうれしさに、心躍らせて家に入りました。3人の博士たちは、マリヤのそばにいるイエス様にひれ伏して拝みました。そして、黄金、乳香、没薬というプレゼントをおささげしました。その夜、神様が、夢でヘロデ王の所に帰るなと博士たちに教えられました。それは、ヘロデ王がイエス様を殺そうとしていたからです。博士たちは、他の道を通って自分の国へ帰っていきました。

イエス様の前にひれ伏す東方の三博士

　さらに、神様はヨセフにも夢で教えられ、ヘロデ王がイエス様を殺そうとしているのでエジプトに逃げるように言われました。こうして、イエス様は生まれてすぐ追われる立場に立たれたのです。しかしイエス様は、神様と、お父さん、お母さんに守られて成長していきました。

イエス様は、神の子、そして救い主としてお生まれになった方です。今からおよそ2000年前、神様と人類が待ち望んだイエス様の誕生の日を、私たちはクリスマスと言っています。クリスマスの日を心から喜びお祝いしていきましょう。

31. 12歳のイエス様

<聖句>　ルカによる福音書　第2章52節
「イエスはますます知恵が加わり、背たけも伸び、そして神と人から愛された」。
<ポイント>
①イエス様は、幼少のころから、神様のお話が大好きで、会堂へ行ってだれよりも熱心に聖書を勉強された。
②イエス様は、12歳になったころ、神様が親であることを実感された。
<聖書：ルカによる福音書第2章参照>

イエス様は、小さいころから神様を愛し、家族や近くの人々を愛した

　今日は、「12歳のイエス様」のお話をしましょう。イエス様は、生まれてすぐにヘロデ王に追われましたが、神様と、お父さん、お母さんに守られてエジプトに行きました。ヘロデ王が死んだ後、神様はイエス様を再びナザレの地に呼び寄せられました。

　お父さんのヨセフは、大工の仕事をしていました。イエス様も、朝から晩までお父さんの仕事を手伝いました。イエス様の下には弟や妹もいたので、お母さんの手伝いをしながら弟や妹の面倒も見ました。イエス様は、お父さんとお母さんから神様のお話を聞いて育ちましたが、土曜日になると近くの会堂（今でいう教会）に行って、神様や聖書の話をしてくれる先生たちから神様のお話を聞きました。イエス様の時代までは、土曜日に会堂で礼拝をしていました（イエス様の時代までは、金曜日の夕方6時から土曜日の夕方6時までを安息日としていた）。皆さんも礼拝で聖書のお話を聞いているように、イエス様も教会で勉強されました。イエス様は、だれよりも聖書のお話を聞くのが大好きで「どうしてなんだろう？」、「それか

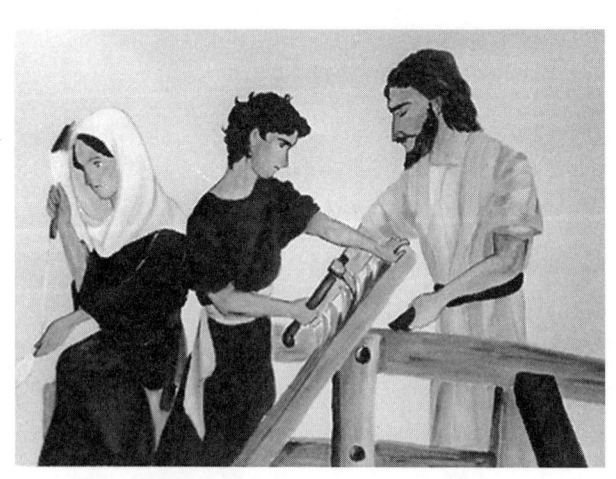

家族の手伝いをするイエス様

らどうなったんだろう？」と、聖書の話に深く興味と関心をもちました。最初に、神様が万物を造られ、アダムとエバを造られた話から、ノア、アブラハム、ヤコブ、ダビデ、モーセなどの話を聞きました。そのようなお話を聞きながら、神様はどういうお方なのかを知るようになりました。

　イエス様は、好きな時間にいつでも勉強できたのではありません。そのころは貧しかったので、一生懸命に働いても、やっと家族皆が食べていけるくらいでしたから、仕事を休むことはできませんでした。だから、イエス様は朝から晩まで、汗を流しながら大工の仕事を手伝いました。仕事が終わって夜遅くなってから勉強したり、朝早く起きてお祈りをしたりしました。イエス様は、神様を愛し、お父さん、お母さんを愛し、弟や妹を愛し、近くの人々を愛しましたので、神様と多くの人々から愛されて、心も体も大きく成長していきました。

イエス様は12歳になったころ、神様が親であることを実感された

　さて、イエス様が12歳になった年のことです。春になって、過越の祭が行われました。モーセの時代に、出エジプトをする時エジプトびとの初子が殺されましたが、イスラエルの初子は神様が守ってくださったので助かりました。この時、イスラエルの民は神様を信じたので、「死」とか「災い」が過ぎ越した（過ぎ去った）のです。このことを記念して、過越の祭が始まりました。イエス様の時代も、盛大に行われていました。

　イエス様が12歳になった年も、家族皆でエルサレムに行きました。そこに一週間くらいいて、神殿で礼拝をするのです。こうして、一週間がたち、ヨセフとマリヤは家に帰ることにしました。エルサレムには、全国から祭のためにたくさんの人々が集まっていましたから、帰る時も人がいっぱいでした。ヨセフとマリヤは、イエス様がそばにいなかったのですが、きっとそのたくさんの人の中に交じって一緒に帰っているだろうと思い、特別に捜しもしないで一日歩いて帰りました。

　ところが、一日歩いてイエス様の姿が見えないのに気が付き、ヨセフとマリヤは親戚の人や友達に聞いてみました。しかし、だれもイエス様のことは知

エルサレムに向かうイエス様と家族

りませんでした。それで、慌てたヨセフとマリヤは、エルサレムのほうへ、来た道を引き返しました。

そして、3日後に、イエス様がエルサレムの神殿で、教師といわれる神様と聖書のお話をしてくれる先生たちの真ん中に座って、話を聞いたり、質問をしているのを見つけました。イエス様の賢さや、その答えに、周りの大人たちは皆びっくりしていました。お母さんのマリヤは「どうしてこんなことをしてくれたのですか。お父さんもお母さんも心配してあなたを捜していたんですよ」と言いました。

すると、イエス様は「どうして、お捜しになったのですか？　わたしが自分の父の家にいるはずのことを、知らなかったのですか」と、言いました。自分の父というのは、神様のことです。イエス様は、12歳の時に、はっきりと「神様は自分の親である」ということが分かっていたのです。神殿は神様がいらっしゃる家なので、自分の親である神様がいらっしゃる所が、まさしく自分の家だとイエス様はおっしゃったのです。

イエス様は、小さい時から神様の話を聞いたり聖書を読んだりしてきましたが、先生（教師）の話を聞いて神様を信じただけではなく、自分でお祈りしたり、聖書を勉強したりして、神様が親であるということをはっきりと知りました。それが、12歳の時だったのです。

神殿で教師たちと話されるイエス様

周りで争いをしたり、悲しんだり困ったりしている人々を見ながら、今の世界が決して神様の喜ぶ良い世界ではないことを感じていました。昔から、イスラエルにはダビデの子孫の中から救い主が生まれるという預言がありましたから、イエス様もそれを聞いていました。イエス様も、早く神の国ができること

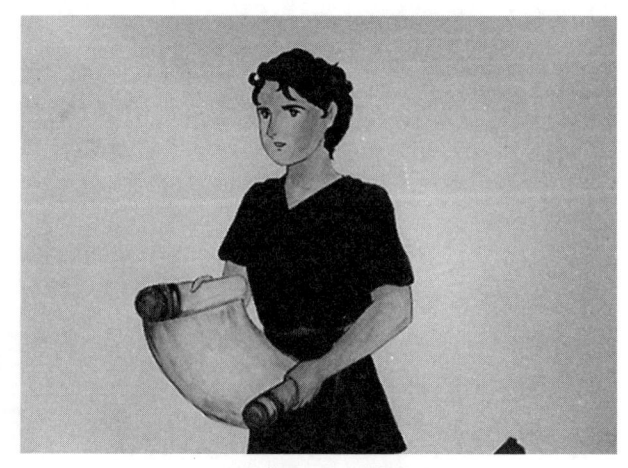

12歳のイエス様

を願っていました。そして、12歳の時に、イエス様は、自分は神の国を造るために生まれてきたのだということを、はっきりと知るようになりました。

　皆さんもイエス様のように、神様を愛し、神様のみ言(ことば)を一生懸命に勉強して、"神様はわたしたちのお父様だ"とだれにでも堂々と言える子供になっていきましょう。

32. イエス様の教え

<聖句> ルカによる福音書 第10章27節
「自分を愛するように、あなたの隣り人を愛せよ」。
<ポイント>
① 「種まき」の例え話から、神様のみ言を大切にしてみ言を行っていけば、神様の守りの中で大きく成長していくことを知る。
② 「親切なサマリヤ人」のお話から、真の愛を知る。
<聖書:マタイによる福音書第13章、ルカによる福音書第10章参照>

「良い地に蒔かれた種」の例え話は、素直に神様のみ言を聞き、行う人のことです

今日は、「イエス様の教え」についてのお話をしましょう。イエス様は大人になって、神様のことをたくさん話してくださいました。皆が神様のことを知って、神様が大好きになり、仲良くなって一緒に神の国を造ることができるようにと話してくださったお話の中から、今日は二つの例え話をしましょう。

一つは種まきの例え話です。ある人が畑に種をまきに行きました。まいているうちに道ばたに落ちた種もありました。すると、空から鳥が来て、その種を食べてしまいました。ある種は少し土をかぶった石の上に落ちました。土が少なくて深くないのですぐ芽を出しましたが、根をおろすことができなくて、太陽が強く照ると、間もなく枯れてしまいました。いばらの中に落ちた種もありました。いばらがどんどん伸びて、種が大きくなるのをふさいでしまったので、伸びることができませんでした。しかし、よく耕された良い畑にまかれた種は、水と太陽の光を受け、土からも栄養をもらって、ぐんぐん伸びてやがて花が咲き、実が実り、30倍、60倍、100倍になりました。

種まきの例え話でイエス様が教えてくださっていることは、

道ばたにまかれた種

いったいどんなことでしょうか。種は神様のみ言（ことば）のことです。種をまく人は、神様のみ言（ことば）を伝える人のことです。では道ばた、石、いばら、畑とは何のことでしょうか？　それは人の心のことです。

「道ばたにまかれた種」の例えは、神様のお話を聞いても、神様を信じなかったり、「はい」と素直に聞かないので、サタンがやって来て、神様のお話を分からないようにさせてしまうということです。

いばらの中に落ちた種

「石に落ちた種」というのは、神様のお話を喜んで聞いていても、少しの間だけ覚えていて、すぐに忘れてしまう人のことです。

「いばらの中に落ちた種」というのは、神様のお話を聞いて良いこと、悪いことが分かり、良いことを頑張ってやろうとしますが、悪い友達に誘われると、それに負けてしまって、良いことが長続きしない人のことです。

「良い地にまかれた種」というのは、正直で、素直で神様のみ言（ことば）を守る人で、神様が、たくさんの恵みを下さるのです。さあ、皆さんの心はどんな心でしょうか？

敵をも愛する愛を真（まこと）の愛という

さて二つめのイエス様の例え話は「親切なサマリヤ人」のお話です。イエス様の時代にサマリヤという国があって、そこに住むサマリヤ人とユダヤ人は仲が悪かったのです。

ユダヤ人の男の人が、エルサレムからエリコの町に行く途中、強盗に襲われました。逃げるひまもなく殴られたりけられたりして、とうとうお金も荷物も着ていた着物までも取られてしまいました。その旅人は、長い間倒れたままでした。体が痛くて動くことができません。死にそうでした。「だれか来てくれないかなあ。助けてくれないかなあ」と、目を閉じたまま待っていました。すると、たまたま1人の祭司が通りかかりました。祭司は神殿で神様の仕事をする人です。ところが、倒れている人をちらっと見ただけで、近づこうともしません。それどころか、わざと道の向う側を通って、さっさと行ってしまいました。旅人はがっかりしました。

傷ついた旅人を避けて通る祭司

やがて、また足音がしました。レビ人でした。レビ人も神様の仕事をしている人で、神様との約束をたくさん知っている人です。旅人が「助けてください」と、かすれた声で言いましたが、レビ人は聞こえないふりをして、慌てて旅人を避けて通っていってしまいました。傷ついたユダヤ人はどうしていいか分からなくて、悲しくなってしまいました。

だいぶたちました。まただれかがやって来ました。「どうせだめだ。今度の人も知らん顔して行ってしまうに違いない」と、旅人は思いました。それは、ろばに乗ったサマリヤ人でした。「とても助けてはくれないだろう」と、がっかりしました。それは、ユダヤ人とサマリヤ人は仲が悪かったからです。サマリヤ人は、けがをして倒れている人に気が付いて「あっ、大変だ！　どうしたのですか？」と、急いでろばから降りると、自分の荷物から薬を出して、傷の手当てをしました。「さあ、ろばに乗りなさい。わたしが町まで連れていってあげましょう」。親切なサマリヤ人は、旅人をろばに乗せて町の宿屋に着きました。

次の日の朝、サマリヤ人は宿屋の主人にお金を預けて「すみませんが、この人を見てあげてください。もしもお金が余計にかかったら、帰りがけにわたしが支払いますから」と、言いました。サマリヤ人のおかげで、旅人のけがはすっかり治りました。ユダヤ人は、今までサマリヤ人と仲が悪かったことを反省して、だれでも愛する人になろうと思いました。

サマリヤ人は、相手がどんな人であろうと、また仲が悪いユダヤ人であっても、困っている人を助けました。自分の知っている人、友達に親切にすることは素晴らしいことです。しかし自分を憎んでいる人までも愛す

親切なサマリア人

ることは、とても難しいことです。ところが、サマリヤ人は親切にしました。
　このように、自分を憎んでいる人を敵といいますが、敵をも愛することができる愛を真の愛といいます。
　イエス様は、真の愛をもった方でした。だから、イエス様はこのようなお話を通して、皆に真の愛をもった人になってほしいと願われたのです。皆さんも、真の愛の人になっていきましょう。

33. イエスの十字架と復活

<聖句> ルカによる福音書 第23章34節
「父よ、彼らをおゆるしください。彼らは何をしているのか、わからずにいるのです」。

<ポイント>
①最後の晩餐（ばんさん）でイエス様が弟子の足を洗うことを通して、イエス様は相手のために尽くすことを教えられた。
②ゲッセマネの祈りを通して、大切な時に眠ってしまうような愚（おろ）かな弟子になってはいけないことを知る。
③十字架につけられたイエス様は、自分を殺そうとする者に対しても、愛し許された真（まこと）の愛の方である。
④復活されることによって死を越えて勝利されたイエス様の信仰を知る。

<聖書：マタイによる福音書第26章〜28章、ルカによる福音書第22章〜24

弟子の足を洗うことを通して、イエス様は人のために生きることを教えられた

今日は、「イエスの十字架と復活（ふっかつ）」のお話をしましょう。イエス様は神の国をつくるために、必死でみ言（ことば）を伝えていかれました。これを伝道といいます。

イエス様のみ言（ことば）に感動して、たくさんの人々がイエス様の元に集まってきました。ユダヤ人の中には、神様にお仕えしたり聖書をよく勉強したりしている祭司とか律法学者という人たちがいました。人々が自分たちの話を聞かないでイエス様のところにたくさん集まっていくので、祭司や律法学者たちは、イエス様のことをねたましく思うようになりました。そして、とうとうイエス様を十字架につけてしまおうと考えたのです。

イエス様は、自分が十字架につけられることを知っていらっしゃいました。それで、12弟子を呼んで最後の食事をされまし

最後の晩餐（イエス様と12人の弟子）

た。それは、ちょうど過越(すぎこし)の祭の前でした。イエス様は、食事の途中席を立って弟子たちの足を洗い始められました。そして、自分の手ぬぐいでふかれたのです。弟子たちは、びっくりしました。イエス様は、神の子で救い主です。それに、王の王として来られた方です。そのような方が、弟子の足を洗うということはどういうことなのでしょうか。

弟子の足を洗われるイエス様

イエス様は、おっしゃいました。「わたしがあなたがたにしたように、あなたがたも他の人にしてあげなさい」。これは、お友達をいじめたり、ケンカしたりするのではなく、お友達のためになる良いことをしてあげなさいということなのです。

さて、12人の弟子の中にイスカリオテのユダという人がいて、イエス様を銀貨30枚で祭司たちに売り渡してしまいました。イエス様は、そのことも知っていらっしゃいました。

夕食が終わって、真夜中でしたが、最後のお祈りをするために、イエス様は弟子たちを連れて、ゲッセマネの園に行かれました。イエス様は、弟子たちにも自分と同じように一生懸命お祈りして待っているように言われました。イエス様は、十字架につけられて死ぬことはつらいとは思いませんでした。しかし、自分が死ぬと、神様の願いである神の国がつくれなくなってしまうのです。そのことが、一番苦しいことでした。そうなったら、一番悲しまれるのは神様です。残された人類の救いの道はどうなってしまうのか、と必死で祈られました。汗の中に血が混じるほど一生懸命お祈りされたのです。

ゲッセマネの祈り

ところが、弟子たちはどうだ

ったのでしょうか。何と、疲れていた弟子たちはお祈りをしないで眠ってしまっていたのです。イエス様が必死に神様のことを思って涙を流して祈っていたのに、弟子たちはイエス様の心が分からず、勝手に眠ってしまったのです。一番愛していた弟子たちさえも、イエス様の心と一つになれませんでした。イエス様の心は、悲しみでいっぱいでした。

　そして、とうとうイスカリオテのユダと祭司たちが一つになって、イエス様をまるで強盗を捕らえるようにしてやって来ました。イエス様は裁判にかけられて、「神の子である」、「ユダヤ人の王である」ということを認めたということで、イエス様は十字架につけられることが決まりました。イエス様が神の子であることは本当のことですね。それなのに、これが罪だというのです。それは、ユダヤ人の祭司たちが、自分たちよりも神様のことをよく知っているイエス様をねたましく思ったからです。

　また、ローマの役人たちは、自分たちに代わってユダヤの王になろうとしているイエス様に腹をたてて、このまま生かしておくことはできないと思い、何の罪もないイエス様を十字架につけることにしてしまったのです。そのころのユダヤやローマでは、十字架というのは一番重い処刑の仕方でした。手や足にくぎを打ちつけて、はりつけにするのです。

イエス様は十字架の後、復活されてキリスト教が出発した

　イエス様は、自分を十字架につけ、あざ笑っている者たちのことを恨んだりしませんでした。そのかわりに「神様、どうぞこの人たちを許してください。自分がしていることが悪いことだということを分からないでいるのです」と、お祈りされました。そして、息を引き取られる前に「天のお父様、わたしの魂（霊）をあなたにゆだねます」と、言われました。死の時も、イエス様は神様と人類のことだけを思われました。自分を殺そうとしている人のために祈られたイエス様こそ、真(まこと)の愛の人なのです。

　イエス様は十字架上で息を引き取られて、それですべてが終わったのではありません。イエス様は、何としても神の国をつくろうとされる神様の願いを果たそうとされました。それで、3日めに復活されました。よみがえられたのです。そして、40日の間に何回も弟子たちの間に現れて「全世界に神様のみ言(ことば)を伝えなさい」と、世界宣教の大号令を発せられました。イエス様と心を一つにできなかった弟子たちも、復活されたイエス様に会うことによって、心から悔い改めて、今度こそイエス様と一つになって、神の国をつくるために頑張ろうと、勇気をもって立ち上がったのです。

ペテロをはじめ12人の弟子たちは、イエス様が教えてくださった新しい福音（教え）を、命懸けで伝えていきました。イエス様の愛に触れた弟子たちは、どんな迫害の中でも希望に満ちあふれてみ言（ことば）を伝えたので、50日後には3,000人の人たちが神様とイエス様を信ずるようになり、そして、キリスト教という世界的な宗教が出発をしたのです。イエス様がキリスト（救い主）であると信じているクリスチャンたちは、2,000年間神の国が来ることを待ち望んできました。

　皆さんは、光の子、神の子ですから、特に天国をつくるために頑張っていきましょう。

復活されたイエス様

34. 아버님の誕生

> <聖句> ヨハネの黙示録 第22章20節
> 「これらのことをあかしするかたが仰せになる、『しかり、わたしはすぐに来る』」。
> <ポイント>
> ①神様の最大の願いである、メシヤを地上に送ることができた韓国の時代背景を知る。
> ②神の子として誕生された아버님のことを知って、真の御父母様の御聖誕日を喜んでお祝いしていく。

再臨(さいりん)のメシヤとして、아버님(アボニム)が韓国に誕生された

今日は、「아버님(アボニム)の誕生」のお話をしましょう。イエス様は、十字架にかけられて亡くなりましたが、神様を愛する心は変わりませんでした。神様の願いである神の国をつくるためにイエス様は復活され、弟子たちによって全世界に神様とイエス様の教えが伝えられていきました。

イエス様は、「わたしはすぐに来る」とおっしゃったので、教えを信じていたキリスト教徒（クリスチャン）たちは、神の子であり救い主であるイエス様のようなお方が、必ず現れることを希望とし、喜んで待ちました。その間に、たくさんの迫害がありました。殺されてもいじめられても、神様とイエス様を愛したクリスチャンは、再び来られるお方「再臨(さいりん)の主」「再臨のキリスト」を待ちわびたのです。神様も、必ず神の国をつくるために、もう一度救い主を送らなければなりませんでした。

神様と人類が待ってきたのは、今度こそ必ずサタンにうち勝ち、神の国をつくることができる再臨のキリストの誕生でした。아버님（文鮮明(ムンソンミョン)先生）は、そのような願いの中で韓国に誕生されたのです。

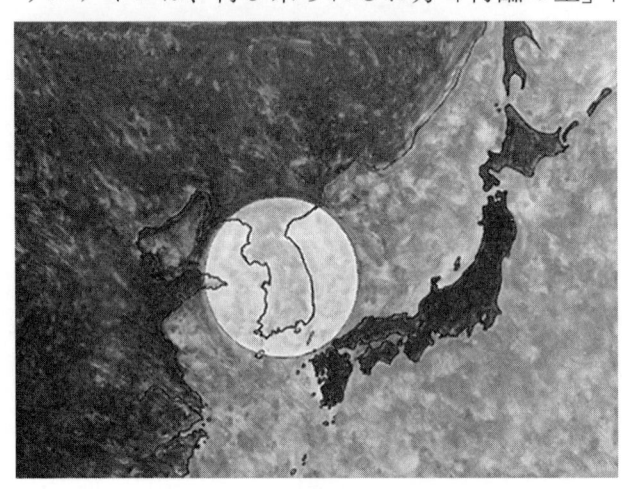

韓半島

116

しかし、아버님の誕生は簡単ではありませんでした。韓国をはじめ世界中に大変なことが起こっていました。そのころの韓国の様子をお話ししましょう。韓国は、4,300年ほどの長い間、国が続いてきました。昔から「白衣の民族」といわれて、白い着物を好んで着る民族でした。「白」は清さを表します。白いチマチョゴリを着て、神様を礼拝する清い人たちがたくさんいる国です。

しかし、韓国はいつも平和ではありませんでした。何度も他の国から侵略を受けました。それでも、自分のほうから戦争をしかけることをしないで、じっとがまんをしてきた国でした。韓国には、昔から儒教、仏教、キリスト教の教えが広まっており、多くの人々が神様を信じていました。それで、早く救い主を送ってくださいと祈り続けてきたのです。

世界では、아버님がお生まれになる前に、第一次世界大戦という戦争をしていました。この戦争でたくさんの人々が亡くなりました。韓国も日本から迫害を受け、傷(いた)めつけられていました。韓国は、日本から国も土地も奪われ、生命までも奪われそうになりました。そして、韓国語を使ってはいけない、日本語を使うようにと言葉も変えさせられました。まるで奴隷のようでした。

아버님がお生まれになる1年前に「韓国は韓国の人々のものだ。日本のいいなりになってはいけない。日本から独立しよう！」という韓国独立運動が起こりました。この時、16歳の少女、柳寛順(ユ ガンスン)が先頭に立って皆と一緒になって「韓国バンザイ」と叫びながら韓国の旗を振りました。国を愛した人々がたくさんいましたが、その人たちも殺されてしまいました。長い間迫害され、じっとがまんし続けてきた韓国の人々の悲しみと涙の祈りは、天の神様に届きました。

아버님は愛の深い家庭の中にお生まれになった

陰暦1920年1月6日、韓国（現・北朝鮮）の北のほうにある定州(チョンジュ)の地に아버님が誕生されました。

たくさんの人々の悲しみの涙や血が流され、祈りが積み重ねられて、世界を救うために아버님が誕生されたのです。神様の喜びは、どれほど大きかったことでしょう。

아버님がお生まれになった

文村

村は、15軒くらいの家しかない小さい村でした。とても美しい村でした。前には小川が流れ、後ろのほうは山に囲まれ、春夏秋冬によって変わる景色はとても素晴らしいものでした。「文村」といわれるほど「文」と名前がつく家が9軒ほどありました。

　아버님がお生まれになる前に、不思議なことが起こっていました。3年前から金鳥が아버님の家の庭に飛んできては、毎朝鳴いていたというのです。金鳥は良い知らせをもってくるという昔からの言い伝えがあったので、村の人々はきっと文家には何か良いことが起こるにちがいないと思っていました。また、天から金の龍が下りてきて、아버님のお母さんのおなかに入るという夢をお母さんが見られました。これも、何か良い知らせでした。こういう中で誕生された아버님でしたから、아버님の家の方はもちろんのこと村の人々も、どんな子供が生まれてくるのだろうと、それはそれは楽しみに待ちわびていたのでした。そして、家族が아버님のために着物も布団も全部用意して、温かく迎えられて、아버님は誕生されました。

아버님の家の庭で鳴く金鳥

　아버님の家には、昔からとても良い教えがありました。それは、人が訪ねてきたら、必ず温かく迎えて、食べ物や着る物を与えてあげることでした。아버님のお祖父さんは、いつも人のために良い事をしておられました。例えば「もうすぐお客様が来られるから、すぐ食事の用意をしなさい」と家の人に命じられます。食事の準備をしてみると、やって来たのは乞食でした。こうやって何度も乞食に食事を出してあげたということです。아버님のお祖父さんは、村でお金がなくて勉強できない子供たちを集めて、自分がお金を出して先生を呼んで勉強させてあげました。お祖父さんの弟は、牧師さんでした。韓国独立のために自分の家もお金も全部ささげた、国を愛する立派な方でした。

　お父さんも人のために良い事をされた方でした。そのころ、韓国を離れて満州という所に行く人々が多く、文村を通っていきました。その人たちのために食事を作ってあげ、自分のお膳にのっている食事まで与えてあげるような、本当にために生きる方でした。お母さんはとても愛の深い、心の温かい方でした。体が大きく、丈夫な方で、仕事をするのもとても早い方でした。次男であった아버님を

深く愛されました。

　このように아버님の御家族は、人のため国のために生きた素晴らしい方ばかりでした。そういう中で아버님は誕生されたのです。

　1991年の12月5日には北韓の定州の地に아버님と어머님が行かれました。46年ぶりに生まれ故郷に行かれました。46年ぶりに生まれ故郷に行かれた아버님はどんなにうれしかったことでしょう。勝利された아버님の御聖誕日を皆で喜んでお祝いしましょう。

아버님の誕生

35. 아버님の少年時代

<み言> 아버님のみ言「故郷」より
「皆さん、カササギの雛(ひな)が大きくなって全部飛んで行く時、それを見て泣いたことがありますか。先生もいかばかり名残惜しかったか分かりません。幼い子供の時、それを見て、ああ、私も相当に情の深い人だということを感じました」。

<ポイント>
① 아버님はカササギから母性愛を学ばれた。また、아버님は情の深い方であったことを知る。
② 아버님がウナギ捕りをされた話を通して、一つのことをやりとげようとする執念をもっていらっしゃる方であることを知る。

아버님はカササギから母性愛を学ばれた

今日は、「아버님の少年時代」のお話をしましょう。特に、カササギとウナギ捕りの話をしましょう。아버님の故郷は山や川の美しい所です。美しい自然からたくさんのことを学ばれました。

아버님は、小さい時に鳥をたくさん捕まえました。親鳥が雛(ひな)を大事に守って雛が大きく育っていく場面をたくさん見ました。中でもカササギの親鳥は雛をよく愛するのです。아버님の家の近くにアカシヤの木があって、カササギが巣を作っていました。アカシヤの木は、普通の木と違ってとても強い木でしたから、カササギが大きい巣を作っても折れませんでした。それに、カササギは一番高い所に巣を作っていました。

カササギは昔から「吉鳥(きっちょう)」といわれていて、カササギが鳴けば喜びの便りがあるといわれていました。朝鳴くと、うれしい客が来るとか、良い事が起きるというのです。また、カササギの巣を見ると、天気が分かりました。巣の出入口をどちらにするかを見て「ああ、今年はどういう風がたくさん吹くのだなあ！ 今年は米を作るころに台風がやってきて駄目なのだなあ」と、分かりました。カササギは風が吹かない反対側へ巣の出入口を作る賢い鳥です。カササギの巣の作り方があまりにも見事なので、아버님はドキドキしながら見に行きました。

木の枝をくわえて巣を高い木にかけます。木の枝だけでは雨漏りがするので、すき間を埋めるために粘土のようなぬかるんだ土をくわえて来て、つぎはぎをし

ます。そして、雨が降ると一か所に流れるように端をつないで巣に落ちないようにしているのです。それで、雨が降れば全部流れ出て巣の中に落ちないのです。その次に枯れ草のくずを持ってきて入れ、巣を暖かくします。どこからか、綿のような暖かそうなものをくわえてきて暖かく作るのです。それを見ると、雛を愛する心があるということが分かります。だれが教えたのでしょうか。私たち人間が家を造ろうとすれば何年も学ばなければならないでしょう。口にくわえてきて作るのですから何と見事な技でしょうか。

カササギの巣をのぞく아버님

　そのあと、メスが中に入って卵を産みます。その卵は実にきれいです。薄く青みがかっていて線がついています。ぶちになっていて金よりも美しいのです。ちょうど、ニワトリの卵の４分の１くらいの大きさです。아버님は卵を見たくて毎日のようにアカシヤの木に登りました。卵を産んでいなかった時はいくら登っていっても鳴かなかったのですが、卵を産んでからは大騒ぎをします。しかし、毎日のように登ったり降りたりしていると、カササギのほうも慣れてきて「また来ましたね。よく見ていきなさい」というように「ガーガー」と挨拶をするようになりました。雨が降った時は登っていかないと、カササギがやってきて「なぜ来ないのですか」と言わんばかりに「ガーガー」と鳴きます。

　雛がかえったら、飛べるようになるまでは巣に雛を全部閉じ込めておいて、えさをくわえてきて食べさせます。아버님が、雛を一匹ずつ出して尾にゴムひもをつけて飛ばしてあげると、雛はとっても喜びました。そうしているうちに、親鳥が雛を一匹ずつ案内して遠くの森へ飛んでいくのです。かわいく、きれいに育つ雛を見ていると本当に自分の子供のように思えてくるのです。雛が育って巣を離れる時、아버님は別れるのが悲しくて泣きました。雛が大きくなって全部飛んでいくのをながめながら泣いてしまった自分を見て、아버님は、自分が相当情の深い人だということを感じられたそうです。

아버님は、一つのことを執念をもってやり遂げられた
　次に、ウナギ捕りの話をしましょう。村にある池でウナギのすみかを発見し

た아버님は、ウナギを全部捕まえてしまおうと考えました。ウナギはヌルヌルしていて、手で捕まえるのはとても難しかったからです。いったいどうしたらこれを捕まえることができるか、아버님は何でも知りたい、やってみたいという好奇心、探究心の強い方でしたから、ウナギを全部捕まえてしまおうと考えたのです。

それは普通の捕り方ではありませんでした。ウナギは穴に入るのが好きで、その穴は奥のほうで全部つながっていました。それで、二つの穴だけ残しあとの穴を全部ふさぎました。一つめの穴に友達が手を入れてグルグル水をかき回わします。驚いたウナギは穴から外に抜け出そうとして、開いている穴を探して動き回わります。ほとんどの

川でウナギ捕りをされる아버님

ウナギを捕まえた아버님と友人

穴はふさがれているので、あと残っているのはもう一つの穴だけです。そこに、아버님が口を開けて待っているのです。ウナギは、それが出口だと思って穴を飛び出し、아버님の口の中に入った時、아버님が歯でガッチリと噛んで捕まえるのです。아버님は、ウナギがおなかに入らないようにうまくやりました。こうして、毎日ウナギを捕り続けたので、親戚の家と隣の家に配りましたが、ウナギの臭いに懲りて悲鳴をあげるようになったということです。

このように、一つのことをやろうとすると、いろいろ研究して最後までやりとげてしまう아버님でした。

皆さんの周りにも、鳥や魚、花など、たくさんの生きものがおり、自然があります。皆さんもいろいろなことに関心をもって研究してみると、아버님の気持ちが分かっていくことと思います。

36. 아버님とイエス様との出会い

<聖句> ヨハネによる福音書 第18章37節
「わたしは真理についてあかしをするために生れ、また、そのためにこの世にきたのである」。

<ポイント>
①イエス様との出会いを通して、世界の人々の救いの摂理に出発していかれた아버님の決意を知る。
②世界の人々を救うために、真理を探究されていった아버님の霊的な闘いの姿を知る。

イエス様に出会われた아버님は、神の国をつくる決意をされた

今日は、「아버님とイエス様との出会い」というお話をしましょう。아버님がイエス様にお会いして、世界の人々を救おうと出発していかれたお話です。

イエス様が、自分の行くべき道を知られるようになったのは12歳のころでした。아버님も、そのころから聖書の勉強を始めました。大きくなったら、立派な博士になりたいと、一生懸命に勉強もしました。しかし、中学生になると、아버님の周りで良くないことがたくさん起こりました。아버님のお兄さんとお姉さんが、重い病気にかかりました。さらに、家で飼っている牛や馬が急に死んだりしました。また、新聞を読んで、同じくらいの中学生が自殺したということを知りました。この中学生が自殺するほど苦しんでいたのかと思うと、涙が出て止まらず、3日間泣き通し、目がはれ上がって、カボチャのようにグシャグシャになってしまいました。「なぜこんなに悲しいことが起こるんだろう。だれがこれを救ってくれるのだろう。わたしはこれから何をしたらいいんだろう」と、神様に祈り求めるようになりました。

아버님が15歳になり、復活祭（イエス様の復活を祝う日、

祈られる아버님

イースター）を迎えた日(1935.4.17)のことです。朝早く아버님が1人で真剣に神様にお祈りしていると、まばゆいばかりの光の中にイエス様が現れました。「天のお父様は、まだ神の国ができていないので、心から休まることができない。わたしがしようとしたことは、まだできていない。今、お父様に代わってお願いしたい。どうか、神の国をつくってください」と、イエス様が아버님に語られたのです。아버님はびっくりしました。もっとふさわしい人がほかにいるのではないかと考え、断りました。しかし、あまりにもイエス様が強く願われたので、神様とイエス様の心情を知った아버님は、この瞬間に、生涯を神様と人類のためにささげる決意をされました。

イエス様と霊的に出会われた아버님

　それからの아버님は、人が変わったように、1人で黙って真理を求めていかれたのです。生易しいことではありませんでした。お母さんやお父さん、友達にも相談することができないのです。

아버님は原理を解き明かされた

　まず、自分というものを考えてみました。自分はどこから来たのだろう。人間の初めはどうなっているのだろうか。神様と人間はどういう関係になっているのだろうか。아버님は、祈っては考え、考えては祈りました。何度も何度もお祈りして、ついに一つの答えを神様から授かりました。それは「親子である」という答えでした。아버님は息もつけないほどびっくりしました。なんということだ、神様が親だと、それが本当だとすれば……と思うと、아버님は顔中が涙でくしゃくしゃになり、しばらくは顔を上げることができないほどでした。何というかわいそうな神様、何がかわいそうだと言って、これ以上かわいそうなことがほかにあるだろうか……「お父様」と、これだけ言うことが精いっぱいでした。あとは、慰めの言葉も出ませんでした。「親子だ」と、ただこの一言を言いたいばかりに、神様は何と長い月日をひたすらがまんしてこられたのでしょう。子供である人間が殺し合い、傷つけ合って、親である神様を悲しませてきたのです。それを見つめてこられた神様は、親として一番心を痛めてこられた方であったのです。この

神様の心を知っておられたのは、イエス様だけでした。

　아버님は真理を求め続けていかれました。サタンは自分の正体をあばかれまいとして、すべての悪の力を集めて아버님に向かっていきました。아버님とサタンとの闘いは、すさまじいものでした。ある人が霊界での闘いをこのように話されました。高い崖の頂にそそり立つ塔

真理を求める아버님

のてっぺんに、아버님が足の親指一本で立っていました。そこに、巨大な龍が口から真っ赤な火を吹いて아버님に襲いかかり、谷底に突き落とそうとしました。しかし、아버님は眉一つ動かさず、天使から受け取った剣で龍を真っ二つに切って退治しました。こうして、아버님はサタンの正体をあばくことができました。아버님はそのことを思い出され「もし、あなたがただったら骨のひとかけらも残っていないだろう」と、おっしゃいました。

　このように、答えを教えてくれる人もいない中、唯(ただ)１人、아버님は天の秘密を一つ一つ解いていかれました。そして、「統一原理」を解かれたのです。

　世界の人々を救うために真理を探していかれた아버님の闘いを知って、私たちもみ言(ことば)を一生懸命に学んで、神様の心情を知る者になっていきましょう。

37. 어머님の誕生

> <み言> 아버님のみ言「お母様は愛の勝利者」より(「愛の世界」より)
> 「아버님はお母様がある特別な性質をもっていることを深く感謝しているのですが、それはお母様がいつも無私であり、自分の子供たちばかりでなく、あなた方食口(シック)に対しても何でも与えようとするところです」。
>
> <ポイント>
> ①어머님が真の母となられた先祖の背景を知る。
> ②洪順愛大母様(ホンスネテーモニム)の信仰によって어머님が誕生し、守られたことを知る。
> ③어머님が神の娘としてお生まれになったことを知る。

趙(チョウ)ハラボジの真心が天に届いて、その条件で어머님が誕生された

今日は、「어머님の誕生」のお話をしましょう。어머님が神の子としてお生まれになる時に不思議なことが起こったり、長い間神様が韓国の国を準備されてきたように、어머님の誕生の時もそうでした。

まず最初に、어머님が真のお母様という素晴らしい方にお生まれになるために、神様が準備された人々のお話をしましょう。自分よりも先に生まれた人たち、お祖父さん、お祖母さん、その上のお祖父さん、お祖母さんたち全部のことを「先祖」といいます。어머님の先祖の中には立派な方がたくさんいらっしゃいました。中でも、趙ハンジュンハラボジという方に、神様が約束をされました。それは「天女を授ける」ということです。天女というのは「神様の娘」ということです。「神様の娘」というのは「真のお母様」になる方のことをいいます。どうしてこのような約束をされたのかをお話ししましょう。

韓国は、山や川がたくさんあって、水もきれいな国でした。ある時、お隣の中国から韓国にお使いの人が来ることになりました。ソウルまで行くのに、たくさんの川を渡らなければなりませんでした。それも、川を渡るのに小さい船しかなかったのです。これでは大変だということで、橋を架けることにしました。しかし、国には橋を造るだけのお金がありませんでした。そこで、王様は「中国からの使者を迎えるために、川に橋を架ける立派な人はいないか」と、人々におふれを出しました。

それを聞いた어머님の先祖の1人、趙ハンジュンハラボジが「自分が橋を架けよう」と、決心しました。そして、自分の財産をすべて使って橋を造りました。

それも、とても立派な石橋でした。その橋は아버님がお生まれになった定州の近くのタルレガンという川に架かっています。아버님もその橋を知っていらっしゃって「その石橋はとても立派にできていた」と、おっしゃいました。

趙ハラボジが橋を架け終わったあと財布を見てみると、お金が3文（今の300円くらい）しか残っていませんでした。明日は、橋ができたお祝いの日です。趙ハラボジは、お金も着物も全部ささげてしまったので、着ている物も靴もボロボロでした。これでは、お祝いをするのにあまりにもみすぼらしいので、せめて草履だけでもと思って、残った3文でわらじを買いました。その夜のことです。夢の中に神様が現れ、「私が来たのはあなたの真心が通じたからだ。本当なら王子を授けたかったが、3文をわらじのために使ったので、天女を授けよう」と、言われました。びっくりした趙ハラボジは、目が覚めて外に飛び出しました。

このように、神様と国を愛した趙ハラボジの真心が神様に届いて、いつか神様の娘が生まれるという約束を神様がしてくださいました。その約束どおりにお生まれになったのが어머님です。

어머님は真のお母さまになるべくしてお生まれになった

では、어머님の誕生についてお話ししましょう。어머님のお母さんは洪順愛ハルモニ（大母様）といって、神様とイエス様を愛し、再臨主を待ち望んでこられた熱心なクリスチャンでした。お祖母さんの趙ハルモニもそうでした。어머님は、1943年1月6日（陰暦）朝の4時30分に、北韓の安州という所に誕生されました。他の子供たちは生まれるとすぐ「オギャー」と、泣くのですが、어머님は泣かないで「ラララー」と、歌うような声を出されました。それを見たお祖母さんは「この子は大きくなったら音楽家になるかも知れない」と、言いました。

어머님がお生まれになったあと、お母さんがわかめスープを飲んで어머님を抱いて眠っていた時、真っ黒な角をもったサタンが近づいてきて、어머님を殺そうとしました。サタンは「この小さな子供をもしこのまま生かしておけば、世界に大異変が起こるようになるからこの子を殺すのだ」と、言うのです。お母さんは「サタンよ退け！　この

어머님の誕生

子は私にとって大切な子なのに、どうしてお前は殺そうとするのか」と、叫びました。そして、生命懸けでお祈りしました。「天のお父様、わたしの命はどうなってもかまいません。しかし、この子だけは生かしてくださり、守ってください。サタンの手から命を守ってください」と、必死に祈りました。するとサタンは消えました。어머님が生まれるとすぐサタンがやってくるとはどういうことだろうとお母さんは考えました。

　その後、夢の中で「その子は大きくなったら真のお母様となられる方なので大切に育てなさい」と、言われました。それでお母さんは、어머님を普通の子供ではなく神様の娘として宝物のように大事に育てるようにしました。어머님は１歳にならないうちに歩き始め、言葉も話されました。とても賢く少しもいいかげんなところがありませんでした。

　神様の娘としてお生まれになった어머님の誕生を、皆で心からお祝いしていきましょう。

38. 試練の中での真の愛

<聖句> マタイによる福音書 第4章4節
「人はパンだけで生きるものではなく、神の口から出る一つ一つの言(ことば)で生きるものである」。

<ポイント>
興南(フンナム)収容所にて、試練の中にありながら、真の愛で勝利された아버님のお姿を知る。

　아버님は「神はいない」という北朝鮮の地で生命(いのち)懸けの伝道をされた

　今日は、「試練の中での真の愛」というお話をしましょう。15歳の時イエス様に霊的に出会った아버님は、祈りと聖書の勉強を積み重ねられた後、神の国をつくるために神様のみ言(ことば)をたくさんの人々に伝える伝道を始めました。

　아버님が25歳のころ、韓国にはたくさんのクリスチャンたちがいました。神様が用意されたこの時、아버님と韓国の多くのクリスチャンが一つになっていたら天国ができていたのです。ところが、クリスチャンは아버님に反対しました。神様が長い間御苦労して地上に送られたメシヤである아버님を受け入れなかったら、韓国をはじめ世界中の人々が悲惨な道を行かなければならないのです。そこで아버님は韓民族と人類のために自分が困難な道を行こうと決意されました。

　ある日、神様から啓示があり、아버님に「すぐにそのまま平壌(ピョンヤン)に向かいなさい」と、言われました。아버님は着のみ着のままで、だれにも何も言わずに平壌に行かれました。近くには故郷の定州があり、やさしいお母さんがいらっしゃいましたが、お顔を見ることもせずに行かれたのです。そして平壌に着くと、すぐに伝道を始められました。

　ところが、そこでは「神はいない」という共産党が教会をつぶしたり、クリスチャンを捕まえたりして、神様のみ言(ことば)を伝え

平壌で伝道される아버님

129

ることがとても難しい時でした。아버님は、そのことを知っていましたが、一生懸命み言(ことば)を伝えました。ある日、とうとう아버님も捕まってしまいました。殴(なぐ)られたり、蹴(け)られたりした아버님は、もう死んでしまったかと思われるほどでした。しかし、お弟子さんたちの祈りと看病で、아버님は起き上がれるようになり、また熱心に伝道を始められました。

しかし、再び아버님は共産党に捕まり、今度は興南(フンナム)収容所という所に送られることになりました。ここは、硫酸(りゅうさん)アンモニウムという肥料の工場で、固まった硫酸アンモニウムを崩(くず)して、袋に入れて運ぶというとても大変な仕事をさせられました。一日に与えられるご飯は豆が少し混じった麦のにぎり飯で、小さいおわんにわずか1.7杯くらいでした。それに、塩と水に大根の葉が少し入っただけのスープでした。その上、激しい仕事をするので、弱い人で2〜3カ月、普通の人で1〜2年もしないうちに死んでいくという、悲惨(ひさん)な所でした。しかし、そんな中で아버님は2年以上も生き延びて、体重も減らなかったのです。周りのだれもが不思議に思いました。아버님がそのような試練の中でどのように勝利していかれたのかを学んでいきましょう。

硫酸アンモニウムを運ぶ人々

아버님は試練の中で、ために生きることこそ真の喜びであると示された

一日に一杯しかもらえないご飯のためにけんかも起きました。時々、食べながら死んでしまう囚人(しゅうじん)もいました。すると、死んだ囚人の口の中に残っている食べ物を取ろうと何人もの人が手を口の中につっこんで争いました。それはとてもみじめな姿でした。아버님は、これでは生き延(の)びれないと知って、あることを決意しました。それは、自分が食べるご飯は半分にして、あとの半分は他の人に分けてあげて、その分けてあげた人が喜んでいる姿を見て、自分も喜ぼうと考えられたのです。「人はパンだけで生きるものではない」という聖書の言葉が大きな心の支えになりました。3週間、半分を他の人に分けてあげ、そのあとからは一杯のご飯を食べられたのです。そして増えた半分は神様からの贈り物と考えられました。そうやって他の人にご飯を与えながら아버님は生き延びられたのです。

ある日、아버님のもとに差し入れられた米の粉がなくなるという事件がありました。周りの人たちは、盗んだ犯人を懲らしめようとしました。しかし、아버님は、その盗んだ人に対して「あなたが必要な分だけ持っていきなさい」と、言われました。さらに、아버님はすべての人々に粉を分けてあげました。ある時には、囚人たちが風呂からあがってみるとポケットに米の粉が入っているのを見つけました。だれに聞かなくても、それは아버님が入れてくれた物だと知っていました。廊下でバッタリとその囚人たちと아버님が出会いました。아버님と囚人の目が合いました。囚人の目に見る見る涙があふれ流れました。それを見た아버님も、一言も話さなくても相手の気持ちが分かり、感動を覚え、아버님の目にも涙が流れました。まさしくこれが天国だと아버님は思われました。他の人のために生きる愛、真の愛こそが人間らしく生きる本当の愛であると아버님は確信されました。

米の粉を分け与えられる아버님

　아버님は一言も神様のみ言（ことば）を話さず、ひたすら真の愛で他人のために生きました。それで20人くらいの人たちが아버님の姿に感動し、弟子になりたいと言ってきたのです。さらに、共産党の人から３回も表彰状をもらうほど立派に仕事を成し遂げました。まさしく、サタンも아버님に屈伏したのです。

　試練の中で、真の愛をもって勝利された아버님のお姿を知って、皆さんも真の愛の人になっていきましょう。

39. 故 郷 定 州

<み言>　「故郷」より、
「故郷は永遠に変わらない父母の愛が満ちている所であり、心の愛が満ちている所であるからです」。
<ポイント>
①아버님が46年ぶり（1945.10〜1991.12）に故郷定州(チョンジュ)に帰られた喜びを伝える。
②아버님の願いは世界平和と南北統一であることを知る。

아버님は46年ぶりにふるさと定州(チョンジュ)に帰られた

　今日は、아버님が46年ぶりにふるさとである定州にお帰りになったお話をしましょう。「故郷定州」というお話です。

　아버님は、生まれてから18歳になるころまで定州で過ごされました。定州には山や川、野原があり、春夏秋冬と季節が変わるごとに美しい花が咲き、鳥もさえずり、いろいろな動物もいました。아버님がお生まれになった村には15軒くらいの家がありましたが、そのうち9軒は文という名前だったので「文村」と呼ばれていました。村の人たちは心の温かい人たちが多く、特に아버님の家は周りに困っている人がいると、いつも助けてあげ、人のために生きる人ばかりでした。そういう中で아버님は成長していきました。

　ウナギを捕ったり、カササギの巣をのぞいてカササギと仲良くなったり、イタチを追いかけたり、そういった楽しい思い出がたくさんあるのが아버님のふるさと定州です。そして、大好きなお父さん、お母さん、お兄さん、お姉さん、妹たちと一緒に住んでいたいのがふるさとです。

　아버님は15歳の時に霊的にイエス様に会われてから、人が変わったように、聖書の勉強をされたり、多くの人々の悲しみ

定州にある아버님の生家

や苦しみのことについて考えるようになりました。

　아버님が28歳になられたころ、韓国が南と北に分かれてしまって、南に住んでいる人たちはだれ1人として北に行くことができなくなってしまいました。아버님の故郷定州は北にありました。神様のみ言(ことば)を伝えるために、아버님は北の平壌(ピョンヤン)に行きましたが、「神様はいない」という共産主義の人たちに捕(と)らえられて、興南(フンナム)の刑務所に入れられてしまいました。そして、아버님が30歳の時に、韓国動乱という戦争が起こって、その戦争が終わるころ解放されました。아버님はその時、故郷定州に行ってお父さん、お母さんに会うのではなく、お弟子さんを訪ねた後、神の国をつくるために南へと下っていかれたのです。아버님がずっと願ってこられたのは「世界平和」と「南北統一」です。南北（韓国と北朝鮮）が一つになれば、南と北に分かれていた親子、兄弟姉妹が一緒に住み、仲良く暮らすことができるのです。

아버님の願いは世界平和と南北統一である

　そうして、1991年11月30日、今まで「神はいない」と言って아버님に反対し続けてきた金日成主席という北で一番力のある人が、아버님の素晴らしさを知って、아버님を北に迎え入れることになりました。

　特別の飛行機に乗って아버님、어머님は、大切なお客様として、北朝鮮の地に行きました。空港には아버님のお姉さん、妹さんなど、懐かしい人たちがお迎えに来ていました。お姉さんたちは「今日が、ちょうど亡くなった母親の誕生日です。その日に合わせて故郷に戻ってきたことが本当にうれしい」と、泣いて喜びました。お姉さんは小さいころから아버님をとても愛されたのです。아버님の物がなくなると、自分の物を代わりにあげたりする心の優しい弟思いのお姉さんでした。

　そして、46年ぶりに故郷定州の地に足を踏み入れられた아버님でした。아버님は、生まれた家の前で、しばらく黙って立っていました。아버님をはじめ、一緒に来た人々は皆涙を流していました。아버님は裏門を通る時「子供の時は大きな門だと思っていました。よく走り抜けたものだった。しか

아버님のお姉さんたちや妹に会われる真の御父母様

し、大人になった今は、私は体を横にしないと通り抜けることができない」と言って、愉快そうに笑われました。

아버님がお生まれになった家は、亡くなるまでお兄さんが守っていました。この日は、お兄さんの家族たちも集まり、一緒に食事をしながら懐かしく話し合われたということです。

それから、お父さん、お母さんのお墓参りをされました。

아버님は46年ぶりに帰ることのできた故郷定州を見てどんなにか喜ばれたことでしょう。しかし、아버님は自分だけ喜ぶことはできませんでした。南と北に分かれて住んでいる多くの家族たちが、自分の故郷に足を踏み入れることもできず、会うこともできないでいるからです。

南北統一のために、아버님は金日成という人に会われました。それは、ヤコブとエサウのような出会いでした。金日成は아버님を殺そうとした人です。しかし、아버님の素晴らしさを知って、兄弟のように仲良くなってしまったのです。それは、아버님の真の愛に金日成主席が負けてしまったからです。

皆さんのお父さん、お母さんも今、世界平和と南北統一のため一生懸命に頑張っています。皆さんも、早く世界平和と南北統一が成されることをお祈りし、真の愛の人になるように努力しましょう。

定州の猫頭山（묘두산）を背に
立たれる真の御父母様

真の御父母様と金日成主席

終わりに、光の子園で行っている礼拝の式次第（例）を紹介します。

　　　　　ただいまより西暦２００〇年　〇月　〇日の礼拝を始めます。

一、天地人真の父母様に敬礼しましょう。
　　　천지인참부모님께 경배（天地人真の父母様に敬礼）．
　　　（チョンヂインチャムブモニムケ キョンベ）

一、家庭 盟誓を唱和しましょう。
　　（カヂョンメンセ）
　　　（全部唱和すると時間がかかるので、選んで唱和します）

一、聖歌「〇〇」を歌いましょう。

一、お祈りしましょう。（司会者の祈り）
　　　先生の後について、言ってください。（または、皆さんは聞いていてください）

一、今日のお話は「〇〇〇」です。

一、お話

一、説教者の祈り

一、「感謝します」の歌を歌いましょう。

一、感謝献金をしましょう
　　　（献金かごを前に用意しておく）

一、感謝祈祷（子供が代表祈祷）
　　　「〇〇君お願いします。」
　　　（終わったら）「〇〇君ありがとうございました。」

一、最後に聖歌「〇〇」を歌いましょう。

一、これで本日（または今日）の礼拝を終わります。礼。
　　　子供たち「ありがとうございました。」

以上の内容を参考にして、家庭での子供礼拝を守っていただきたいと思います。

[著者プロフィール]

林 三男（はやし・みつお）

1939年11月	岐阜県生まれ
1963年10月	統一教会に入教
1968年 3月	静岡大学文理学部卒業。その後、高校教師（理科）となり、心情教育研究会を中心に心の教育運動に取り組む。心情教育研究所所長
1970年10月	林敏子さん［旧姓 髙橋］と祝福を受ける（777双）
1981年 7月	光の子園園長に就任。現在に至る
1984年 4月	光の子教育センター所長にも就任（8年間）。現在は、光の子園園長と共に、光の子教育センター顧問

著書『人間と教育』『聖書のお話を中心とした礼拝』（上・中・下）

こども礼拝　親と子のための説教集　　　　　　定価（本体1200円＋税）
2005年4月9日　初版発行
2011年9月30日　第2刷発行

著　者　林　三男
発行者　株式会社　光言社
　　　　〒150-0042
　　　　東京都渋谷区宇田川町 37-18　トツネビル3Ｆ
　　　　03（3467）3105（代表）
印刷所　株式会社　ユニバーサル企画

©Mitsuo Hayashi 2005　Printed in Japan
ISBN978-4-87656-119-3 C0016
落丁、乱丁本はお取り替えいたします。